CONVIÉRTETE EN UNA
MUJER *de* **CONVICCIÓN,**
VISIÓN Y ESPERANZA

LA
UNCIÓN DE
SARA

MICHELLE MᶜCLAIN-WALTERS

CASA
CREACIÓN
Para vivir la Palabra

Para vivir la Palabra

MANTÉNGANSE ALERTA;
PERMANEZCAN FIRMES EN LA FE;
SEAN VALIENTES Y FUERTES.
—1 CORINTIOS 16:13 (NVI)

La unción de Sara por Michelle McClain-Walters
Publicado por Casa Creación
Miami, Fl
www.casacreacion.com
© 2022 Casa Creación

Todos los derechos reservados
ISBN: 978-1-955682-35-0
E-book: 978-1-955682-36-7

Desarrollo editorial: *Grupo Nivel Uno, Inc.*
Diseño interior y portada: *Grupo Nivel Uno, Inc.*

Publicado originalmente en inglés bajo el título:
The Sarah Anointing
Publicado por Charisma House,
Lake Mary, FL 32746 USA
©2022 Michelle McClain-Walters

Nota de la editorial: Aunque la autora hizo todo lo posible por proveer teléfonos y páginas de internet correctas al momento de la publicación de este libro, ni la editorial ni la autora se responsabilizan por errores o cambios que puedan surgir luego de haberse publicado.

Impreso en Colombia

22 23 24 25 LBS 10 9 8 7 6 5 4 3 2

CONTENIDO

Introducción

MADRE DE NACIONES

Yo la bendeciré [a Sara], será madre de naciones, y de ella
surgirán reyes de pueblos.

—Génesis 17:16

ESTAMOS VIVIENDO UNO de los momentos más tumultuo-
sos que yo, en lo personal, he experimentado. La enferme-
dad, la muerte, los cambios, la languidez de los hombres por
el miedo, la duda, la incredulidad, la inestabilidad y los tem-
blores que nos rodean acosan nuestra existencia. Generaciones contra generaciones están en guerra. El cambio cultural
impuesto por diversidad de intereses ha traído devastación a
familias, ciudades y naciones. Escucho al Señor decir: "¡No
temas!". Sus promesas son verdaderas, él no cambia. Así es,
Dios no ha cambiado de opinión en cuanto a ti ni a tu destino. Él te bendecirá y te hará una bendición para la generación en la que vives. Sin embargo, hay un complot del
enemigo cuyo fin es seducir a esta generación de creyentes
para destruir el fundamento de la fe que tenemos en las
promesas de Dios. Debemos volver a los caminos antiguos.
El Salmo 11:3 pregunta: "Si los cimientos [de una sociedad
piadosa] se destruyen, ¿qué hará el justo?". No podemos

permitir que la duda y la incredulidad gobiernen en nuestros corazones. Debemos combatir por la verdad de la Palabra. Debemos luchar para ver prevalecer la verdad y la justicia en la tierra.

Hay una nueva impartición de fe en el Dios vivo y verdadero derramándose en la tierra. Así como lo hizo Sara, madre de naciones, ¡debemos ver en el interior de nosotras mismas y considerar a Dios fiel! Un enfoque correcto en la fe hace que sepamos en quién creemos. La fe es más que entender una promesa en particular. La travesía de Sara nos enseña que debemos centrarnos en aquel que está detrás de la promesa más que en la promesa misma. Dios está levantando Saras en estos días que han de contender por la fe en el dador de la promesa.

> Queridos hermanos, he deseado intensamente escribirles acerca de la salvación que tenemos en común, y ahora siento la necesidad de hacerlo para rogarles que sigan luchando vigorosamente por la fe encomendada una vez por todas a los santos.
>
> —Judas 3

Como vemos aquí, la palabra *luchando* significa combatir por algo al mismo tiempo que se batalla contra las dificultades que impiden la obtención de ese algo. Las Saras modernas van a tener una visión que las inspire a luchar por todo lo que Dios le dará al espíritu humano en esta generación.

Dios está desplegando un ejército de mujeres que serán una fuerza estabilizadora en estos tiempos difíciles que enfrentamos. La estabilidad implica certeza, por lo que esa fuerza estabilizadora hará que estés absolutamente segura en tu posición, segura de que es improbable que falles o caigas; segura, sencillamente, de que eres una guerrera estable, constante y firme. Isaías 33:6 dice: "Él será la seguridad [estabilidad] de tus tiempos, te dará en abundancia salvación, sabiduría y conocimiento; el temor del Señor será tu tesoro". Así que hay un grupo de mujeres que serán ungidas con sabiduría y conocimiento sobrenaturales, características esenciales que equiparán a la generación que va a contender por la promesa que se les ha dado. Mujer de Dios, se oye un toque de clarín en la tierra que inspira a las Saras de hoy que han de surgir.

La compañía de mujeres que tienen la unción de Sara guerreará en consonancia con las profecías que Dios les ha de entregar hasta que reciban la promesa. Por tanto, debes estar consciente de que Dios te está ungiendo con el poder necesario para descubrir todas las promesas y el destino que él ordenó —para ti y tu familia— desde el principio de los tiempos. Él te está preparando con un espíritu de valentía, por lo que te ordena que asegures tu herencia para que puedas darles el legado de tu fe en Dios a tus hijos y a los hijos de tus hijos.

Las mujeres se están levantando con una fe legendaria, de modo que le crean a Dios hasta por cosas que les parecen imposibles de alcanzar. Dios ungirá a estas mujeres con el Espíritu Santo y con poder para desplegar milagros y la misericordia divina a una escala masiva. Hoy mismo muchas mujeres están siendo cubiertas con un espíritu poderoso que las equipa para cumplir tareas —poco menos que legendarias— asignadas por Jesús a favor de su reino.

Dios está despertando un ejército de mujeres que se convertirán en madres de naciones. Vencerán la esterilidad natural y espiritual para concebir y llevar a cabo los planes y propósitos de Dios, tal como lo hizo Sara. Esta generación necesita madres espirituales. Si queremos ver el orden de Dios establecido en la tierra, se necesitará la gracia maternal apostólica, así como la gracia paternal apostólica.

Sara tenía una fe inquebrantable en un Dios inquebrantable. La Sara de hoy cree en Dios en cuanto a la restauración de hombres y mujeres como quienes tienen y ejercen dominio en la tierra. Estas mujeres gobernarán e imperarán en la tierra al lado y en sociedad con los hombres. Las guerras de género son destructivas. Veremos la fe, la tenacidad y el amor de Dios demoler la antigua guerra entre hombres y mujeres en la tierra.

Estamos en una época en la que Dios está ampliando nuestra capacidad para recibir nuestra herencia. Dios tiene un destino determinado para tu vida, un área a la que llama el lugar rico, física, emocional y espiritualmente.

Dios está empoderando y equipando a un grupo de Saras modernas para que salgan de los linderos de la inseguridad, la intimidación y la inferioridad con el fin de que hagan un impacto global para el reino suyo. Esas mujeres tendrán visión para luchar con el objeto de que las promesas de Dios se cumplan en sus vidas y en las familias de la tierra. Jesús está redimiendo vidas de la destrucción que merecen. Está cumpliendo promesas y llenándonos la boca de risa. Él está redimiendo el tiempo y restaurando los años perdidos. Él está derramando su misericordia y su bondad sobre su pueblo. Está cumpliendo sueños y dándonos a muchas de nosotras una segunda oportunidad en la vida. Así que, Saras de hoy, ¡es hora de levantarse!

Conviértete en una mujer de fe

Hace unos cuatro mil años, el Señor se le apareció a un hombre llamado Abram e hizo un pacto con él. El Señor le dijo:

Este es el pacto que establezco contigo: Tú serás el padre de una multitud de naciones. Ya no te llamarás

Abram, sino que de ahora en adelante tu nombre será Abraham, porque te he confirmado como padre de una multitud de naciones. Te haré tan fecundo que de ti saldrán reyes y naciones. Estableceré mi pacto contigo y con tu descendencia, como pacto perpetuo, por todas las generaciones. Yo seré tu Dios, y el Dios de tus descendientes.

—Génesis 17:4-7

Sin embargo, las promesas hechas por Dios en el pacto que hizo con Abraham no tenían que ver solamente con este. La esposa de Abraham, llamada Sarai o Saray cuando Dios se le apareció por primera vez, también tuvo un papel vital: También le dijo Dios a Abraham:

—A Saray, tu esposa, ya no la llamarás Saray, sino que su nombre será Sara. Yo la bendeciré, y por medio de ella te daré un hijo. Tanto la bendeciré, que será madre de naciones, y de ella surgirán reyes de pueblos.

—Génesis 17:15-16

En el momento en que Dios habló estas palabras a Abraham, Sara no tenía hijos; no era madre, en absoluto; y mucho menos madre de naciones. Dios la estaba llamando de acuerdo a su destino. Estaba llamando su futuro a su presente.

Dios hace lo mismo contigo. ¿Qué ha dicho Dios acerca de ti? ¿Con qué nombre te llama, invocando el futuro que te promete para cruzar tu realidad presente? No importa dónde estés ahora; Dios te habla desde tu futuro. Él no es limitado por el tiempo. Por eso, Dios "llama las cosas que no son como si ya existieran" (Romanos 4:17). Antes de que Sara se convirtiera en madre, el Señor la llamó madre de naciones, aun cuando comenzó a organizar los acontecimientos que crearían el ambiente espiritual necesario para que su naturaleza cambiara.

Sara caminó con su esposo a través de una transformación. Ambos se convirtieron en personas de fe. Si recuerdas, al comienzo de su historia —en Génesis 12—, Abraham y Sara mintieron. Cuando fueron a Egipto, Abraham decidió decir que Sara era su hermana y esta aceptó aquella mentira. Aun cuando Dios ya le había prometido a Abraham lo siguiente: "Haré de ti una nación grande, y te bendeciré; haré famoso tu nombre, y serás una bendición. Bendeciré a los que te bendigan y maldeciré a los que te maldigan; ¡por medio de ti serán bendecidas todas las familias de la tierra!" (Génesis 12:2-3), Abraham temía por su vida. Ni su fe ni la fe de Sara estaban aún en el punto en el que verdaderamente confiaban en que Dios cumpliría su promesa.

Abraham y Sara habían dado su primer paso de fe cuando obedecieron a Dios y dejaron la casa del padre de Abraham y su país, pero esa fe aún tenía que crecer. Y Dios los estaba llevando a través del proceso de convertirlos en el padre y la madre de la fe.

El plan de Dios era que surgieran naciones y reyes de la unión entre Abraham y Sara. Y el legado de su unión es uno de fe. Como parte de una de las "familias de la tierra" a las que se hace referencia en Génesis 12:3, has heredado no solo la bendición prometida (que se refiere a Jesús), sino también el legado de la fe. El llamado de Abraham y Sara tenía que ver con la familia, con transmitir las bendiciones del pacto de Dios de una generación a la siguiente, con una herencia de fe y esperanza, con bendecir a todas las naciones de la tierra a través de la fe de un par de personas.

En un tiempo en que más y más personas abandonan la iglesia y se alejan de la fe, la unción de Sara es de vital importancia. Es hora de que las mujeres se levanten para infundir esperanza a la próxima generación con el fin de que la fe pueda surgir nuevamente en sus corazones. Las generaciones están clamando por la esperanza y la fe que tú tienes. Es parte de tu legado espiritual y debes transmitirla a las generaciones posteriores, tanto naturales como espirituales.

Sara fue una esposa leal que siguió a su esposo cuando Dios le habló a él. Aun cuando Abraham cometió errores, Sara lo llamó señor. Ella fue participante activa de la visión, tal vez incluso demasiado activa. Se adelantó a Dios y trató de cumplir su pacto a su propio tiempo y a su manera. También se rio de la posibilidad de un milagro. Pero finalmente, a pesar de sus errores, Sara se convirtió en una mujer de fe, tanto que es una de las dos únicas mujeres mencionadas por su nombre en el Salón de la fe:

> Por la fe también la misma Sara, siendo estéril, recibió fuerza para concebir; y dio a luz aun fuera del tiempo de la edad, porque creyó que era fiel quien lo había prometido. Por lo cual también, de uno, y ese ya casi muerto, salieron como las estrellas del cielo en multitud, y como la arena innumerable que está a la orilla del mar.
>
> —Hebreos 11:11-12

La promesa del pacto de Dios fue cumplida por Abraham y Sara trabajando en conjunto. El plan de Dios los incluía a los dos; por eso es que les cambió los nombres a ambos. Y cuando Dios le cambió el nombre de Sara, además de ello le cambió su naturaleza. Aun cuando Sarai y Sara tienen significados similares (Sarai significa princesa y Sara significa princesa, mujer noble o reina), el cambio de nombre señaló el nuevo papel al que Dios estaba llamando a Sara: madre de naciones. El cambio de nombre la vinculó a Abraham en el cogobierno y la incluyó en la promesa del pacto. Dios incluye a las mujeres en los propósitos de su pacto.

La vida de Sara es una lección positiva de fe que rompe con las limitaciones de la vida personal. Cuando tú caminas en fe, no hay nada que pueda impedirte seguir la visión que Dios te ha dado. Sara también es un ejemplo de mujer con un espíritu sumiso que respondió bíblicamente a su esposo sin perder su propia identidad. Se sentía bien con lo que ella era y muy satisfecha con no ser perfecta, aun cuando estaba consciente de que incluso sus errores eran parte del proceso de aprendizaje y crecimiento a medida que se transformaba de una mujer estéril a la fructífera madre de naciones.

Sara también era una centinela y una contendiente por la promesa, promesa consistente en los planes y propósitos de Dios. Aunque al principio cometió un error al tratar de cumplir la promesa alejada del plan de Dios, ese error siguió siendo un intento por llevar a cabo el plan de Dios desinteresadamente. Ella estaba comprometida con los propósitos y los planes de Dios, aunque eso significara sacrificio de su parte.

¿Qué es la unción de Sara?

El pacto de Dios se transmite a través de las familias, tanto naturales como espirituales. Pero la familia siempre ha estado bajo ataque y más aún en estos tiempos. Por eso, Dios está buscando madres y padres que sean visionarios, que luchen por la visión de expandir y hacer crecer el reino de Dios a medida que trabajan entregándose por completo a la próxima generación y a las naciones. Y basado en ello, Dios está incluyendo a las mujeres en sus propósitos y planes para el próximo gran despertar. Como mujeres, no podemos alejarnos de nuestro deseo de dar a luz cosas en cualquier función, ya sea física o de otro tipo. Nuestra predisposición biológica a tener hijos naturales no es la única forma en que las mujeres iniciamos una nueva vida. Creamos ideas, estrategias, soluciones y movimientos completos. Así nos hizo Dios. Por tanto, mujer de Dios, el Señor te ha dado la capacidad de cumplir la promesa. Es hora de dar un paso al frente y convertirte en una mujer de fe, una mujer de visión, una mujer de esperanza.

La unción de Sara tiene que ver con dar a luz a las naciones. Aun cuando la palabra *naciones* pueda referirse a áreas geográficas específicas, también puede referirse a otros grupos de personas, tanto en lo natural como en lo espiritual. Aunque para algunas mujeres la unción de Sara tiene que ver con dar a luz físicamente a niños, no se limita a ello. La unción de Sara también se refiere a dar a luz a hijos espirituales. Tiene que ver con pasar de la esterilidad a la fecundidad y a la idea de la multiplicación. Tiene que ver con recibir la fuerza del poder del Espíritu Santo para superar las imposibilidades y cumplir las promesas de Dios. Tiene que ver con extender la bendición del Señor de generación a generación.

Sara dio a luz a un hijo, Isaac. Pero a causa de ese único hijo suyo, han nacido millones de personas que están esparcidas por toda la tierra. Sara pudo haber tenido un pequeño comienzo, pero resultó en un megafinal enorme, mejor y más fuerte.

> Escúchenme, todos los que tienen esperanza de ser liberados, todos los que buscan al Señor. Consideren la piedra de la que fueron tallados, la cantera de la que fueron extraídos. Sí, piensen en Abraham, su antepasado, y en Sara, que dio a luz a su nación. Cuando llamé a Abraham, era un solo hombre; pero, cuando lo bendije, se convirtió en una gran nación.
> —Isaías 51:1-2, NTV

De un hombre y una mujer surgió una gran nación. Eres una sola mujer, pero Dios puede hacer que el fruto que des en tu vida se convierta en una gran nación. Ya sean tus hijos naturales o tus hijos espirituales resultado de tu entrega abnegada a los demás, Dios los usará a todos ellos para bendecir a las naciones y edificar el reino de él. Ellos son hijos de la promesa.

Las Saras de hoy en día son aquellas que se aferran a las promesas de Dios y se comprometen a ver que esas promesas se cumplan. Ellas "lucharán vigorosamente por la fe" (Judas 3). Las mujeres que poseen la unción de Sara tienen una fe que destruye las limitaciones personales y elimina la esterilidad, con la fecundidad como resultado final. Ellas están dispuestas a pasar por el proceso de transformación y crecimiento que desarrolla la capacidad para los milagros.

Claves para activar la unción de Sara

Así se adornaban en tiempos antiguos las santas mujeres que esperaban en Dios, cada una sumisa a su esposo. Tal es el caso de Sara, que obedecía a Abraham y lo llamaba su señor. Ustedes son hijas de ella si hacen el bien y viven sin ningún temor.

—1 Pedro 3:5-6

La unción de Sara es para las hijas de Sara, mujeres que persiguen los propósitos de Dios con valentía y que andan en las buenas obras que Dios preparó para nosotras desde el principio. A continuación veamos siete claves para activar la unción de Sara.

1. Sabiduría para tomar decisiones
Sara fue una excelente mujer que tomaba decisiones. Es muy probable que no siempre haya tomado la decisión

correcta —al principio—, pero a medida que su fe crecía, también lo hacía su sabiduría. La Sara de hoy en día no es indecisa; al contrario, posee una clase de sabiduría ideal para tomar decisiones piadosas. Debido a esa sabiduría, "Su esposo confía plenamente en ella" (Proverbios 31:11).

2. Disposición para ser útil

Sara era la asistente o ayuda idónea de su marido. El término se usa por primera vez en la Biblia, en Génesis 2:18, cuando Dios dijo: "No es bueno que el hombre esté solo; le haré ayuda idónea para él" (RVR1960). Sara fue una ayuda valiosa para Abraham, una ayuda que brindó más que el solo hecho de lidiar con los asuntos domésticos. Ella era una parte integral de la visión que Dios les había dado. La suya era una familia de pacto, en el que el papel de Sara era vital para proteger a esa familia y ayudarla a avanzar en el cumplimiento de los planes y propósitos de Dios.

Ayudante es uno de los nombres que se le dan al Espíritu Santo (Juan 14:26, en la Biblia en inglés *New King James Version*). Y algunas de las características del Espíritu Santo como nuestro ayudador también se encuentran en las mujeres. Por ejemplo, el Espíritu Santo es el espíritu de sabiduría y ese mismo espíritu de sabiduría se encuentra en las mujeres que poseen la unción de Sara. La sabiduría que Dios les dio es una ayuda para sus esposos, para sus hijos (tanto naturales como espirituales) y para los demás a quienes ellas sirven.

E incluso si eres una mujer soltera, sigues siendo una ayudante. Isaías 54:5 dice: "Porque el que te hizo es tu esposo; su nombre es el Señor Todopoderoso". Aun cuando es posible que no tengas un esposo terrenal a tu lado, puedes contribuir, proteger, socorrer y ayudar a los planes y propósitos del Señor.

3. Belleza tanto interna como externa

La Biblia dice que Sara era "una mujer muy hermosa" (Génesis 12:11, 14). Pero su belleza externa era un reflejo de la belleza interna que irradiaba su persona. Tú, como mujer, eres "una creación admirable" (Salmos 139:14), con una belleza externa que solo te caracteriza a ti, pero también necesitas la belleza interna. La Primera Epístola de Pedro (3:3-5) dice: "Que la belleza de ustedes no sea la externa, que consiste en adornos tales como peinados ostentosos, joyas de oro y vestidos lujosos. Que su belleza sea más bien la incorruptible, la que procede de lo íntimo del corazón y consiste en un espíritu suave y apacible. Esta sí que tiene mucho valor delante de Dios. Así se adornaban en tiempos antiguos las santas mujeres que esperaban en Dios, cada una sumisa a su esposo". La belleza externa puede desvanecerse, pero cuando eres hermosa por dentro, esa hermosura permanece. La Sara de hoy en día tiene belleza interior: la bondad está en su lengua (Proverbios 31:26); hace el bien (1 Pedro 3:6); trabaja duro (Proverbios 31:13); cree lo que Dios le ha dicho (Lucas 1:45); está llena del fruto del Espíritu (Gálatas 5:22-23) y vive sin ningún temor (1 Pedro 3:6).

4. Caminar en unidad

Sara y Abraham compartían sus pensamientos. Se movían juntos en todas las áreas importantes de sus vidas. Ellos tenían "un mismo parecer, un mismo amor, unidos en alma y pensamiento" (Filipenses 2:2), por lo que pudieron caminar en unidad. Y esa unidad fue clave para la visión que Dios les había dado.

Las Saras de hoy cultivan ese espíritu de unidad. Ellas saben que las mujeres son como termostatos, puesto que pueden controlar la temperatura o el ambiente de una casa. En base a ello, quieren ser mujeres que creen un ambiente de cooperación que saque lo mejor del resto de las personas.

Las mujeres con la unción de Sara ven a los demás desde la perspectiva de Dios, de manera que pueden ver más allá de los defectos y ver la grandeza que poseen. Son agradables, colaborativas y acogedoras. Saben que para que dos personas caminen juntas, tienen que estar de acuerdo.

¿Andarán dos juntos, si no estuvieren de acuerdo?

—Amós 3:3

5. Ser audaz

Sara no tenía miedo. El apóstol Pedro describe esta cualidad como "vivir sin ningún temor" (3:6). La Sara de hoy en día actúa con audacia y valentía porque sabe que el Señor está de su parte (Salmos 118:6). No teme ser vulnerable al hacer las cosas buenas a las que Dios la ha llamado. Su fuerza proviene del Señor, cuyo amor perfecto echa fuera su temor.

6. Ser expresiva verbalmente

Sara se expresaba muy bien. En realidad, hablaba bastante. Aunque se sujetaba a su marido, no se quedaba callada. Su papel en el matrimonio muestra que no estaba amordazada. El Señor incluso le dijo a Abraham: "En todo lo que te dijere Sara, oye su voz" (Génesis 21:12 RVR1960). Las Saras de hoy en día no se quedan calladas. No tienen miedo de hablar, proclamar y decir la verdad en amor. Son voces que transmiten sabiduría. Ellas conocen el poder de sus palabras, por eso usan sus voces para el bien. Hablan palabras de vida. Sí, las Saras modernas se sujetan, pero eso no significa que permanezcan en silencio.

7. Mantener la visión

Sara fue una visionaria. Sara hizo que Abraham y ella misma persistieran en la tarea. Ella sabía que el pacto se cumpliría a través de Isaac, pero Ismael representaba una amenaza porque era más fuerte y manipulador. Así que tomó una decisión y siguió adelante para mantener todo en orden. Ella era la guardiana de la visión.

Las Saras de hoy también son guardianas de la visión. Mantienen la visión que Dios les reveló delante de ellas mientras toman decisiones y se comprometen a cumplirlas. Mantienen el porqué de sus decisiones a la vanguardia. Se comprometen totalmente con las relaciones de pacto que establecen y se muestran comprometidas con las promesas que hacen.

Asuntos que perturban la unción de Sara

La Sara moderna es una mujer sabia, valiente y visionaria, aunque el enemigo intentará bloquear o impedir su fecundidad y el cumplimiento de la visión de Dios para ella como madre de naciones. El primer paso para superar tales ataques es identificar los obstáculos que el enemigo intentará utilizar.

- La esperanza aplazada. Dios te ha dado una visión o una promesa, pero a veces retrasas el cumplimiento de ello debido a diversos factores. Uno de los mayores obstáculos para ejercer la unción de Sara es postergar la esperanza. Proverbios 13:12 dice: "La esperanza que se demora es tormento del corazón". Luchar con la desilusión por un sueño frustrado o una promesa pospuesta puede perturbar tu capacidad de caminar en la unción de Sara.
- La duda y la incredulidad. La fe es vital para la unción de Sara. Ella tuvo que pasar por un proceso de crecimiento para desarrollar su fe. La duda y la

incredulidad la perturbaron desde el principio, pero su creciente fe pudo vencerlas. La duda y la incredulidad pueden estar fácilmente agazapadas tras la esperanza aplazada.

• Ismael y la esclava. Ismael y Agar, la esclava, son ambos símbolos de la carne. Son recordatorios de lo que sucede cuando eres impaciente y no esperas la promesa de Dios. Ceder a tu carne y adelantarte a Dios impedirá el derramamiento de la unción de Sara. La esclava también atacó la feminidad de Sara, destacó su esterilidad y se rebeló contra su autoridad.

• La indecisión. La incapacidad para tomar una decisión y comprometerse con la misma es un obstáculo para la unción de Sara. Las Saras de hoy deben ser determinadas, inquebrantables y persistentes.

• Los malos modelos a seguir y las mentoras inadecuadas. Las mujeres necesitan buenos modelos a seguir y excelentes mentoras, ejemplos de mujeres que lideren bien en sus hogares y fuera de él. Las mujeres necesitan activar, enseñar, capacitar y equipar a otras damas. Tener malos modelos a seguir y mentoras inapropiadas puede conducir a una comprensión incorrecta de lo que significa ser una mujer piadosa.

A las ancianas, enséñales que sean reverentes en su conducta, y no calumniadoras ni adictas al mucho vino. Deben enseñar lo bueno y aconsejar a las jóvenes a amar a sus esposos y a sus hijos, a ser sensatas y puras, cuidadosas del hogar, bondadosas y sumisas a sus esposos, para que no se hable mal de la palabra de Dios.

—Tito 2:3-5

• Las concepciones y ejemplos de sumisión erróneos. Uno de los resultados de tener malos modelos a seguir es que a menudo también tenemos una comprensión sesgada de lo que es la sumisión bíblica. Sumisión no significa estar amordazada, sin autoridad, sin voz, sin opinión y sin identidad propia. No significa que no puedas usar tus dones y perseguir la visión que Dios te ha dado. Significa que nos sometemos unas a otras y aprendemos a liderar en asociación mutua.

Cómo superar los impedimentos a la unción de Sara

La principal forma de superar los obstáculos a la unción de Sara es comprender completamente el amor del Padre. Somos las hijas de Papá, por lo que él cumplirá cada promesa que nos ha hecho. Cuando recibimos una revelación del gran amor del Padre por nosotras, podemos tener fe. Podemos confiar en sus promesas. Podemos saber que él sanará a los quebrantados de corazón. Podemos confiar en el divino poder sobrenatural que nos redime y restaura todo lo que perdimos a causa de la religión o las tradiciones de los hombres. Una vez que comprendemos el asombroso amor del Padre por nosotras, podemos tener esperanza, expectación de ver la bondad de Dios obrando en nuestras vidas. Aun cuando nuestras esperanzas hayan sido frustradas o postergadas en el pasado, Dios puede sanar las nuestras porque él *es* la esperanza.

Dios está más dedicado que nosotras a ver cumplidas sus promesas. Su amor es diferente al amor que sentimos los humanos. Es un amor eterno. Sí, Dios tiene una estrategia y un plan con nosotras; es más, las mujeres somos idea suya. Somos parte de su plan. Por eso necesitamos ceder a ese plan, escuchar su voz y obedecerla. Dios dijo que si lo amamos, guardaremos sus mandamientos (Juan 14:15). Ese es un buen punto para comenzar.

La revelación del amor del Padre por nosotras también nos mantiene seguras en nuestra identidad como hijas del Altísimo. Hemos sido aceptadas, redimidas y renovadas, por lo que no tenemos que tratar de ser "suficientes" por nosotras mismas. Las personas con un espíritu huérfano tratan de actuar, de ser lo suficientemente buenas. Pero como hijas del Rey de reyes, ya somos suficientes. Fuimos hechas a su imagen y semejanza. Él nos eligió, nos arraigó y cimentó en su amor, y nos dio autoridad. Y debido a la gran gracia que nos impartió, podemos optar por andar en el Espíritu, sin ceder a la carne. Podemos ser audaces, decididas y valientes, sabiendo que el Señor nunca nos dejará ni nos desamparará y que su plan para nosotras es bueno.

Cuando estés luchando con la indecisión y la duda, vuelve a comprometerte con tu pacto. Los antiguos israelitas solían construir altares o tenían memoriales para que les recordaran los pactos y las grandes cosas que Dios había hecho en sus vidas. Ellos visitaban esos monumentos para asegurarse de que no olvidarían nunca el auxilio ni la provisión de Dios. Así que revisa tu pacto. Vuelve a comprometerte. Mantén el *porqué* de tu pacto a la vanguardia.

Busca mentoras piadosas y modelos a seguir que tengan matrimonios fuertes y saludables, y que muestren sumisión bíblica. Todas necesitamos mentoras que inviertan en nosotras, que nos den sabios consejos, que nos capaciten y nos equipen para ser las mujeres que Dios nos insta a ser. No dejes que los puntos de vista religiosos sobre la sumisión te silencien. Tienes una voz; úsala con sabiduría. Dios diseñó el matrimonio para que funcionara como una sociedad. El Señor reconoció la necesidad que Adán tenía de una ayuda, alguien que lo ayudara y lo protegiera. El esposo y la esposa están destinados a protegerse mutuamente; en la naturaleza de la esposa yace el deber de proteger a su esposo, aunque de una manera diferente a como él la protege a ella. Y Dios les dijo, al hombre y a la mujer, que trabajaran juntos para que ejercieran dominio en la tierra y extendieran el reino suyo.

Recuerda que estás en un proceso de crecimiento. Es probable que haya momentos en los que falles, pero no te rindas ni te regodees en tu fracaso. Dios está obrando en ti para desarrollar tu fe. No permitas que los ataques del enemigo o tus propios errores se interpongan en tu búsqueda de los planes y propósitos de Dios con tu vida. Lucha por la fe. Combate por las promesas. Has sido llamada a ser una mujer de Dios, una mujer de esperanza, una mujer de visión, una mujer de fe que vence la esterilidad y es fecunda, puesto que es madre de naciones.

Oración para activar la unción de Sara

Señor, creo que eres el mismo ayer, hoy y siempre. ¡Tú eres el Dios inmutable! Te pido que me cubras con la misma tenacidad y fe que les diste a Abraham y a Sara. Quiero estar completamente persuadida de tus promesas. Señor, quita toda duda e incredulidad de mi corazón. Me arrepiento por tener un corazón duro. Decido tomar tu Palabra. No eres como el hombre; no puedes mentir. No hay nada demasiado difícil para ti. Tú me bendecirás y harás de mí una bendición para mi generación. No perderé la esperanza en tus promesas respecto a mi vida. Opto por dejar que la esperanza sea el ancla de mi alma.

Señor, tú eres el dador y restaurador de la vida. Te pido que restaures cada sueño y deseo de ti que haya muerto en mi corazón. ¡Espíritu vivificante, fluye dentro de mí una vez más! Permite que las nuevas ideas y los conceptos para hacer avanzar tu reino llenen mi corazón. Decreto que soy una madre para esta generación. Verteré mi vida en la próxima generación. Seré una mujer de fe y empoderaré a esta generación para que crea en ti, Señor. Deseo cumplir el mandato que impartiste en la creación en cuanto a ser fecunda y a que me multiplicara.

Padre, dame sabiduría y palabras justas. Declaro que soy madre de naciones. Daré a luz hijos espirituales. Voy a dar a luz nuevas ideas. Haré el bien y no temeré. Seré una guardiana de la visión. Volveré a los caminos antiguos y seré una bendición para las generaciones. Señor, en tu nombre contenderé por la fe. Dame una nueva revelación de tu gran amor por mí para que pueda superar cualquier obstáculo. Confío en ti. Espero en ti. Esto lo pido en el nombre poderoso de Jesús. Amén.

TU PROPIA FE

Capítulo 1

TU PROPIA FE

Por la fe ... Sara misma ... recibió fuerza para tener hijos,
porque consideró fiel al que le había hecho la promesa.
—Hebreos 11:11

ES IMPORTANTE TENER tu propia fe. No puedes depender
de la fe de tu esposo, ni de la de tus padres, tus abuelos, tus
líderes ni mucho menos de la de cualquier otra persona. Tienes que desarrollar tu propia fe.

Hebreos 11:11 dice: "Por la fe ... Sara misma ..." Aunque Abraham era un hombre de fe y su fe también jugó un
papel relevante en el cumplimiento de la promesa de Dios,
Sara no confió en la fe de Abraham. Ella tenía su propia fe.
Ella consideró a Dios fiel y creía que cumpliría la promesa
que le hizo.

El comienzo de la fe

¿Dónde comenzó la fe de Sara? Ella no se crio en la iglesia como algunas de nosotras. No podía leer una Biblia ni
escuchar un sermón como nosotras lo hacemos hoy. Pero su
fe tuvo un inicio, el cual fue el propio Dios. Creo que Dios
nos crea a cada una de nosotras con el deseo de buscarlo

integrado en nuestro ADN. El Libro de Eclesiastés dice que
Dios ha puesto la eternidad en nuestros corazones (3:11).
Ese anhelo por lo eterno, por lo infinito, en nuestras almas
finitas, nos impulsa a buscar a Dios. Además, él puso la
evidencia de su majestad y su gloria en todo lo que está a
nuestro alrededor.

> Los cielos cuentan la gloria de Dios; el firmamento
> proclama la obra de sus manos.
>
> —Salmos 19:1

> Porque desde la creación del mundo las cualidades
> invisibles de Dios, es decir, su eterno poder y su
> naturaleza divina, se perciben claramente a través
> de lo que él creó, de modo que nadie tiene excusa.
>
> —Romanos 1:20

Sara ya estaba siendo atraída por el Padre a través de
su misma naturaleza y de las maravillas de la creación, pero
también se casó con un hombre de fe. Creo que ella estaba
muy consciente de que Abraham hacía ofrendas a Dios y estaba consciente de la forma en que Dios le hablaba. De modo
que ella dio su primer paso, para desarrollar la fe por sí misma, cuando dejó su hogar y su país motivada por el fin de ir
con Abraham a donde Dios les dijo que fueran. Aun cuando
ella pudo haber dependido de la fe de Abraham al principio,
a lo largo de su travesía descubrió la fidelidad de Dios por sí
misma. Ella vio la forma en que Dios intervino en sus vidas
cuando ellos cometieron errores. Ella vio cómo cumplió Dios
su promesa. Todas esas cosas atrajeron a Sara a su Creador
y su corazón respondió. Ella "consideró fiel al que le había
hecho la promesa" (Hebreos 11:11). Dios le había dado una
medida de fe (Romanos 12:3) y ella se rindió a esa fe.

A algunas personas les resulta más fácil rendirse a Dios que a otras, pero la fe siempre comienza con Dios. Jesús dijo: "Nadie puede venir a mí si no lo atrae el Padre que me envió" (Juan 6:44). El Padre nos atrae hacia él con su amor. Es por eso que comprender el gran amor del Padre por sus hijas es tan importante para la unción de Sara. Debes tener la revelación de que "ni la muerte ni la vida, ni los ángeles ni los demonios, ni lo presente ni lo por venir, ni los poderes, ni lo alto ni lo profundo, ni cosa alguna en toda la creación podrá apartarnos del amor que Dios nos ha manifestado en Cristo Jesús nuestro Señor" (Romanos 8:38-39). Tienes una opción. Tienes libre albedrío. Pero Dios usa su misericordia para atraerte "porque no quiere que nadie perezca, sino que todos se arrepientan" (2 Pedro 3:9). De forma que cuando respondas al amoroso llamado del Padre, comenzarás a desarrollar tu propia fe.

Las Saras de hoy en día tienen una ventaja con la que la esposa de Abraham no contaba: la Palabra de Dios.

Así que la fe viene como resultado de oír el mensaje, y el mensaje que se oye es la palabra de Cristo.
—Romanos 10:17

Para desarrollar tu fe, necesitas tener una relación personal con Dios; y, para desarrollar una relación con alguien, es necesaria la comunicación. Una de las principales formas en que Dios te hablará es a través de su Palabra. Por tanto, necesitas pasar tiempo leyendo, analizando y entendiendo la Palabra de Dios por ti misma. Además, debes dedicar tiempo a la oración y la adoración para que también desarrolles tu relación con Dios y tu fe crezca. Cuanto más tiempo pases con el Señor, más entenderás su amor por ti y más podrás permanecer en ese amor.

Ahora, pues, permanecen estas tres virtudes: la fe, la esperanza y el amor. Pero la más excelente de ellas es el amor.

—1 Corintios 13:13

Así como el Padre me ha amado a mí, también yo los he amado a ustedes. Permanezcan en mi amor. Si obedecen mis mandamientos, permanecerán en mi amor, así como yo he obedecido los mandamientos de mi Padre y permanezco en su amor.

—Juan 15:9-10

Recibe fuerza

Es demasiado fácil confiar en tus propias fuerzas —las que posees como mujer que eres—; es muy fácil descansar en tus propias habilidades. Pero para caminar bajo la unción de Sara, necesitas recibir la fuerza del Señor, una fuerza sobrenatural que puede romper cualquier barrera que trate de impedir que recibas tu promesa.

Hebreos 11:11 afirma que Sara recibió fuerza a causa de su fe. La palabra griega traducida como "fuerza" es *dynamis*, que significa "virtud, fuerza, poder, habilidad ... poder que reside en una cosa en virtud de su naturaleza ... poder para realizar milagros; poder moral y excelencia del alma; poder e influencia pertinentes a las riquezas y a los patrimonios; poder y recursos que surgen de lo inesperado ... poder milagroso". Esa palabra implica mucho más que recibir la capacidad para concebir un hijo. Sara recibió una impartición sobrenatural debido a su fe, superior a la capacidad de dar a luz a un bebé; una impartición que incluye excelencia moral y poder milagroso.

El poder de la fe incluye la justicia y el dominio moral. A medida que la fe de Sara crecía, ella cobraba más firmeza, se hizo una mujer más constante y caracterizada por una inquebrantable excelencia moral. Las Saras de hoy en día se caracterizan por lo mismo. Vivimos en una generación en la que parece que todo vale, una generación que no se preocupa por ceñirse a ningún tipo de restricciones. Pero la rectitud y la excelencia moral son parte del poder de la fe; por lo tanto, para ser una persona moral siempre hay alguna limitación. Las hijas de Sara hacen el bien y andan en justicia a causa de la obediencia impulsada por el amor. Las Saras de la actualidad necesitan mantenerse firmes y comprometidas con la excelencia moral, aun cuando parezca que nadie las está viendo.

La palabra *dynamis* tiene diversos significados, algunos de los cuales son similares a los del vocablo hebreo *chayil*, que es el que usa el escritor en el Libro de Proverbios (capítulo 31) para describir a la mujer virtuosa. De modo que, en Sara, podemos ver muchos de los rasgos de la mujer virtuosa: "El corazón de su marido está en ella confiado ... Fuerza y honor son su vestidura ... Abre su boca con sabiduría, y la ley de clemencia está en su lengua ... La mujer que teme a Jehová, esa será alabada" (vv. 11, 25-26, 30 RVR1960). Pero así como *dynamis* tiene numerosos significados, la mujer *chayil* no es solamente virtuosa, aunque lo es, sino que además es fuerte, poderosa, enérgica y tiene el potencial para amasar riquezas y constituirse en una gran fuerza.

Ambos vocablos, *dynamis* y *chayil*, provienen de la fe en Dios. La Biblia afirma que "la fe es la garantía de lo que se espera, la certeza de lo que no se ve" (Hebreos 11:1). La palabra griega para fe, *pistis*, significa "convicción de la verdad de cualquier cosa, creencia ... una convicción o credo con respecto a la relación del hombre con Dios y las cosas divinas, que —por lo general— implica la idea de confianza y sacro fervor nacidos de la fe y unidos a ella ... la convicción de que Dios existe, que es el creador y gobernante de todas las cosas, el proveedor y dador de la salvación eterna a través de Cristo ... la persuasión ... la confianza; la convicción moral ... de la veracidad de Dios ... seguridad". Las Saras de hoy en día tienen una convicción absoluta de que lo que Dios dice es verdad. Tienen la seguridad de que Dios cumplirá sus promesas. Se mantienen firmes en las promesas de Dios. Y su fe les da la fuerza, el poder milagroso, la excelencia del alma y el poder moral para cumplir los planes y propósitos que Dios tiene con ellas en la tierra.

La oración de fe

La oración [que es] de fe sanará al enfermo y el Señor lo levantará. Y, si ha pecado, su pecado se le perdonará. Por eso, confiésense unos a otros sus pecados [sus resbalones, sus pasos en falso, sus ofensas, sus transgresiones], y oren [también] unos por otros, para que sean sanados [a un nivel espiritual en la mente y el corazón]. La oración [de corazón, constante] del justo es poderosa [dinámica en su funcionamiento] y eficaz.

Elías era un hombre con debilidades como las nuestras [con sentimientos, afectos y una constitución tan frágil como la nuestra]. Con fervor oró que no lloviera, y no llovió sobre la tierra durante tres años y medio. Volvió [luego] a orar, y el cielo dio su lluvia y la tierra produjo sus frutos [como es lo usual].

—Santiago 5:15-18

Si eres una mujer justa, y creo que lo eres porque somos hechas justas a través de la sangre de Jesús, quiero que sumerjas tu mente en el siguiente pensamiento: tus oraciones son poderosamente eficaces cuando concuerdan con la voluntad de Dios. Como primogénita del reino, tienes el derecho de desatar el poder de Dios a través de la oración. Sí, tu oración es muy valiosa. Tus oraciones ponen a tu disposición un tremendo poder que es muy dinámico en su funcionamiento. Tus oraciones pueden sanar a los enfermos, abrir los cielos y traer avivamiento a las naciones.

Santiago 5:15-18 nos da varias claves para declarar oraciones de fe eficaces. Nuestras oraciones tienen que ser fervientes. La confesión precede a la sanidad y la restauración cuando das un paso en falso, fallas o pecas. Es la oración de un hombre o una mujer justos lo que pone a disposición del individuo un poder extraordinario.

Sin embargo, hacer la oración de fe no implica que recibiremos una respuesta inmediata. Esto no es nada mágico; al contrario, es muy real. La oración de fe nos concede el espacio espiritual para que Dios desarrolle dentro de nosotras un nivel de madurez previo a la recepción de la promesa, de forma que no naufraguemos. La oración de fe nos ayuda a desarrollar la capacidad para mover a Dios a que haga sus milagros, prodigios y portentos.

Cuando pronuncias la oración de fe, debes esperar que Dios responda. Desesperarte y no darle suficiente tiempo a él para que responda traerá resultados negativos. Como le ocurrió a Sara cuando no vio respuesta inmediata ni esperó que Dios cumpliera su promesa y, al contrario, orquestó su propia solución —deliberadamente— y le dijo a Abraham que se acostara con Agar; como sabemos, los resultados fueron desastrosos. Agar se convirtió en una fuente de problemas para Sara. La esclava desafió la autoridad de su ama y se constituyó en un recordatorio continuo de la propia esterilidad de Sara. La Biblia dice que "Agar ... comenzó a mirar con desprecio a su dueña [Sara]" (Génesis 16:4).

Entonces Agar dio a luz a Ismael, que estaba destinado a ser "un hombre indómito como asno salvaje" y viviría "en conflicto con todos" (Génesis 16:12).

La impaciencia no es lo único que se interpondrá en el camino de las respuestas a las oraciones de fe. La desobediencia también puede hacer que pierdas el tiempo que Dios tiene asignado a esas respuestas, lo que a veces resulta en una larga espera o en una profecía incumplida. La murmuración y la desobediencia de los hijos de Israel hicieron que toda una generación (excepto dos hombres) se quedara sin entrar a la tierra prometida. Por eso, vagaron por el desierto durante cuarenta años. (Ver Números 14).

Las Saras modernas son mujeres de fe, son mujeres justas. Saben que la oración de una mujer justa pone a su disposición un poder extraordinario. Esperan el tiempo de Dios y, si dan un paso en falso, se apresuran a confesar y a ser restauradas.

Algunas veces, nuestras oraciones se ven obstruidas cuando le pedimos a Dios algo que no es correcto. Podemos pedirle a Dios que nos haga fructíferas para nuestra propia comodidad, nuestra propia gloria o nuestra propia conveniencia. Por eso es bueno recordar la máxima bíblica del apóstol Santiago.

Cuando piden, no reciben porque piden con malas intenciones, para satisfacer sus propias pasiones.
—Santiago 4:3

La palabra griega traducida como "malas" significa "mal (física o moralmente): mal de salud o enfermo". Cuando oras por algo que no es bueno, tu enfoque no yace en el lugar correcto y, más importante aun, tu corazón no está en el lugar correcto. Has permitido que tu carne se interponga en el camino. Tu enfoque está en lo que te agrada a ti y no en lo que agrada a Dios.

Cuando Jesús nos enseñó a orar, dijo que lo hiciéramos de la siguiente manera:

Padre nuestro que estás en los cielos, santificado sea tu nombre. Venga tu reino. *Hágase tu voluntad*, como en el cielo, así también en la tierra. El pan nuestro de cada día, dánoslo hoy. Y perdónanos nuestras deudas, como también nosotros perdonamos a nuestros deudores. Y no nos metas en tentación, mas líbranos del mal; porque tuyo es el reino, y el poder, y la gloria, por todos los siglos. Amén.

—Mateo 6:9-13 RVR1960, énfasis añadido

La oración de fe es una petición para que la voluntad de Dios sea hecha. Tiene que ver con lo que agrada a Dios, lo que llevará a cabo con sus propósitos en la tierra. Eso no significa que no puedas hablar con Dios en cuanto a los deseos de tu corazón. Ni tampoco significa que no puedas pedirle ayuda a Dios. Eres su hija y él quiere que derrames tu corazón ante su presencia. Dios quiere que corras a sus brazos cuando estés herida o en medio de problemas.

Así que acerquémonos confiadamente al trono de la gracia para recibir misericordia y hallar la gracia que nos ayude en el momento que más la necesitemos.

—Hebreos 4:16

La diferencia entre la oración de fe y pedir mal radica en lo que, en definitiva, se persigue como objetivo final. ¿De qué se trata todo esto? ¿De tu voluntad o de la voluntad de Dios? ¿De tu plan o de su plan? La mujer que tiene la unción de Sara emite oraciones de fe que tratan de hacer que la voluntad, los planes y los propósitos de Dios se lleven a cabo en su vida y en la tierra, todo para la gloria de Dios.

Rinde tus planes

Parte de desarrollar tu propia fe es aprender a confiar en Dios más que depender de ti. Es apartar la vista de tus propias habilidades y considerar la fidelidad de Dios. Muchas de nosotras decimos con la lengua que confiamos en Dios, pero nos afanamos haciendo cosas por nuestras propias fuerzas. Jesús dijo: "Si alguien quiere ser mi discípulo, que se niegue a sí mismo, lleve su cruz cada día y me siga" (Lucas 9:23). Confiar en Dios implica morir a una misma. Debemos ser intencionales en cuanto a rendir nuestros planes a los de Dios.

Sara tuvo que aprender esa lección. Tuvo que aprender a confiar en Dios, a tener fe en que él iba a cumplir sus promesas. Aprendió que no debió tratar de producir el hijo prometido a través de sus propios esfuerzos. Cuando el cumplimiento de una promesa se demora, Dios usa ese tiempo para entrenarnos en la confianza y la intimidad. El Padre oculta, a propósito, muchos detalles de la vida; incluso cómo traerá liberación frente a nuestros problemas. ¿Por qué hace Dios eso? Porque quiere que tengamos una seguridad tal en nuestra intimidad con él que ni pensemos en requerirle todos los detalles que tiene con nuestro futuro.

Confía en el Señor de todo corazón, y no en tu propia inteligencia. Reconócelo en todos tus caminos, y él allanará tus sendas.

—Proverbios 3:5-6

Entregarnos a Dios y reconocerlo requiere que usemos nuestros labios y pensamientos para clamar ante su presencia. La palabra *reconócelo*, en hebreo, es *yāḏaʻ*. Este vocablo también significa entender, percibir, conocer por experiencia, distinguir o divisar. Pero *yāḏa* también puede referirse al acto de la intimidad física entre un hombre y una mujer, la intimidad que genera vida y que se encuentra en el matrimonio. Cuando la vemos desde una perspectiva espiritual, *yāḏaʿ* sugiere tener una intimidad con Dios a través de la oración que da vida, da fruto y da a luz el cumplimiento de su Palabra en nuestro ser. Cuando mantenemos un contacto directo e íntimo con el Señor, él dirige nuestros caminos de acuerdo a los planes y propósitos que tiene con nosotros.

Las Saras de este tiempo tienen ese deseo de reconocer a Dios en todos sus caminos, desean tener una intimidad con él que haga sus vidas fecundas. Tienen fe en Dios por sí mismas, fe que les es contada por justicia (Romanos 4:11). El corazón de la Sara de hoy en día que se mueve para obedecer a Dios es más justo que el acto mismo de la obediencia. El deseo de obedecer a Dios lo es todo.

Transmite tu fe

Las Saras de la actualidad entienden que aun cuando deben tener su propia fe, no tienen que detenerse ahí. La promesa que el Señor le hizo a Abraham en Génesis 12 de convertirlo en una gran nación (v. 2) se extiende a Sara y a sus hijas, es decir, a ti, a mí y a todas las demás mujeres que heredaron el legado de fe de ella. Aun cuando todas necesitamos tener fe en nosotras mismas, también somos parte de la familia de la fe. Somos parte de la gran nación que Dios prometió. Tenemos una herencia de fe que se ha transmitido de generación en generación durante miles de años. Somos parte de la bendición del Señor que se ha extendido de generación a generación. La fe ha sido una herencia dada tanto a los hijos naturales como a los espirituales, a lo largo de los siglos. Somos el fruto de la promesa. Somos herederas de la promesa.

La promesa es más grande que cualquier individuo. Tener fe como Sara significa que tienes una perspectiva más amplia. Esa clase de fe tiene que ver con construir una familia, forjar un legado. Tiene que ver con tener fe por generaciones. Tiene que ver con tener fe por las naciones y los pueblos que son fruto de tu vida. Tu familia no es solo "nosotros cuatro y nada más". Todas nosotras, casadas o solteras, tenemos familias asignadas. Sí, eso incluye a tu familia natural, pero también a todos los miembros de la familia espiritual que Dios trae a tu vida. Hija de Sara, eres llamada a tener tu propia fe, pero también estás llamada a transmitir esa fe, a forjar un legado espiritual que bendiga a las naciones de la tierra.

Declaraciones de fe

Tendré mi propia fe.

Considero a Dios fiel. Confío en sus promesas.

"Ni la muerte ni la vida, ni los ángeles ni los demonios, ni lo presente ni lo por venir, ni los poderes, ni lo alto ni lo profundo, ni cosa alguna en toda la creación podrá [apartarme] del amor que Dios nos ha manifestado en Cristo Jesús [mi] Señor (Romanos 8:38-39).

Permaneceré en el amor de Dios y guardaré sus mandamientos.

Recibiré fuerza del Señor.

Caminaré en justicia.

Soy una mujer de excelencia moral.

La fuerza y el honor son mi vestimenta.

Abro mi boca con sabiduría.

La bondad está en mi lengua.

Mi fe es la certeza de lo que se espera, la convicción de lo que no se ve.

Estoy firme en las promesas de Dios.

Cuando confiese mis pecados, seré perdonada y restaurada.

Soy una mujer justa y mis oraciones son poderosamente eficaces.

Espero en el Señor, él responde mis oraciones.

No pido mal cuando oro. Ruego con el fin de que se haga la voluntad de Dios tanto en la tierra como en el cielo.

Me dirijo confiadamente al trono de la gracia para obtener misericordia y encontrar gracia para ayudar en tiempo de necesidad.

Rindo mis planes a Jesús.

Confío en el Señor con todo mi corazón y lo reconozco en todos mis caminos.

Transmitiré una herencia de fe tanto a mis hijos naturales como a los espirituales.

Estoy forjando un legado de fe.

EL PODER DE TUS DESEOS COTIDIANOS

Capítulo 2

EL PODER DE TUS DESEOS COTIDIANOS

Deléitate en el Señor, y él te concederá los deseos de tu corazón.

—Salmos 37:4

TUS DESEOS COTIDIANOS pueden ser poderosos y conducirte a algo mucho más grande de lo que jamás imaginaste. Cuando Dios se le apareció a Abraham e hizo un pacto con él, Sara no estaba pensando en ser una mujer legendaria. Es probable que ni siquiera soñara con ser madre de naciones. Simplemente su deseo normal, corriente y cotidiano era ser madre, tener un bebé. Pero, debido a su edad, es factible que haya descartado ese deseo o haya tratado de ocultarlo muy dentro de ella como un anhelo que nunca se cumpliría. Es posible que incluso haya experimentado una cierta cantidad de quebrantamiento a causa de su esterilidad.

Sin embargo, Dios tenía grandes planes para ella. Él iba a tomar ese deseo normal de la vida cotidiana de Sara para transformarlo en algo grandioso.

Los deseos de tu corazón

Fuiste creada con un propósito. Dios te diseñó específicamente para que pudieras cumplir el propósito que tiene para ti en la tierra.

> Tú creaste mis entrañas; me formaste en el vientre de mi madre. ¡Te alabo porque soy una creación admirable! ¡Tus obras son maravillosas, y esto lo sé muy bien! Mis huesos no te fueron desconocidos cuando en lo más recóndito era yo formado, cuando en lo más profundo de la tierra era yo entretejido. Tus ojos vieron mi cuerpo en gestación: todo estaba ya escrito en tu libro; todos mis días se estaban diseñando, aunque no existía uno solo de ellos.
>
> —Salmos 139:13-16

Fuiste creada asombrosa y maravillosamente, en cuerpo, alma y espíritu, ideada con el plan de Dios para ti. Nada en ti es un accidente, desde el color de tus ojos hasta tus dones y talentos naturales, además de las cosas que atraen tu corazón. Tienes un fin, un propósito que Dios te dio y que solo tú puedes cumplir. Pero creo que comprender tu propósito, a menudo, empieza con los deseos cotidianos que Dios pone en tu corazón. Creo que esos deseos son el punto de partida, el punto en el que Dios comienza a acercarte al plan y el propósito que ideó para ti.

El Salmo 37:4 dice: "Deléitate en el Señor, y él te concederá los deseos de tu corazón". Creo que este versículo significa que cuando te deleitas en el Señor, él implanta deseos en tu corazón que se alineen con el propósito suyo para ti. Eso despertará algunos deseos que ya están allí —aunque en estado latente— o también puede hacer que trasforme otros deseos tuyos, todo para impulsarte a cumplir su buen plan para ti. Sin embargo, tus deseos cotidianos son el escenario en el que comienza todo.

Un deseo es algo que anhelas, algo que esperas. La palabra hebrea que se usa en el Salmo 37 es *miš'ālâ*, que significa petición, deseo o ruego. Aparte del Salmo 37:4, *miš'ālâ* se usa solo en otra ocasión en la Biblia, en la que se traduce como "peticiones":

> Nosotros celebraremos tu victoria, y en el nombre de nuestro Dios desplegaremos las banderas. ¡Que el Señor cumpla todas tus peticiones!
>
> —Salmos 20:5

Ambos versículos tratan acerca de Dios escuchando y respondiendo nuestras oraciones. Y la verdad es que Dios conoce nuestros deseos, nuestros ruegos, nuestras peticiones aun antes de que se los expresemos.

> Señor, tú me examinas, tú me conoces. Sabes cuándo me siento y cuándo me levanto; aun a la distancia me lees el pensamiento. Mis trajines y descansos los conoces; todos mis caminos te son familiares. No me llega aún la palabra a la lengua cuando tú, Señor, ya la sabes toda.
>
> —Salmos 139:1-4

Dios te conoce. Él entiende tus pensamientos, tus caminos. Y comprende esos deseos cotidianos que tienes en lo profundo de tu corazón porque, cuando te has deleitado en él, quien los pone ahí es él mismo.

El anhelo de Sara por tener un bebé era uno de esos deseos cotidianos; ahí fue cuando todo empezó para ella. Dios tomó ese deseo de ser madre y lo usó para convertir a Sara en madre de naciones y en una mujer de una fe legendaria.

Sara también deseaba la justicia y la rectitud. No solo quería tener razón; anhelaba ser justa. Por eso se sujetó a su marido. Imagínate el dolor que debe haber sentido cuando, tanto en Egipto como en Gerar, Abraham mintió y dijo que ella era su hermana. Terminó en un harén dos veces porque su marido no estuvo dispuesto a luchar por ella. Debido al egoísmo de él, hizo que hasta corriera el riesgo de tener que acostarse con otro hombre. Si Sara solo hubiera querido tener la razón, le habría dicho a Abraham: "¡No voy a hacer eso! ¿Estás loco?". Pero ella quería ser justa y, por esa justicia, Dios intervino de manera sobrenatural en ambas ocasiones para salvarla, enviando plagas a Egipto y hablando en sueños al rey de Gerar. Dios pelea por sus hijas. Las defiende. Como la pasión de Sara —y su anhelo— era hacer lo correcto, Dios intervino para manifestar milagros a su favor.

Otro de los deseos de Sara era agradar y honrar a Dios. Por eso, siguió recordándole a Abraham la visión. Y aunque se equivocó al decirle a Abraham que se acostara con Agar para que tuviera un hijo, la intención subyacente era ver cumplida la promesa de Dios.

> Dijo entonces Sarai a Abram: Ya ves que Jehová me ha hecho estéril; te ruego, pues, que te llegues a mi sierva; quizá tendré hijos de ella.
> —Génesis 16:2 RVR1960

El hecho de que Sara le ofreciera la esclava a Abraham fue un acto de autosacrificio, aunque fue un lamentable error. Imagínate cómo debe haberse sentido cuando yacía sola en la cama mientras su esposo estaba con otra mujer. Y luego, cuando esa mujer quedó embarazada, ello confirmó que Sara —no Abraham— era la razón por la que no habían tenido un hijo. Sabía con certeza que era ella. Sara era la que necesitaba un milagro. Pero aun así Sara actuó en un intento por agradar y honrar a Dios, aunque fuera a costa de su propio perjuicio. Debemos recordar siempre que el cielo o el infierno pueden estar en nuestros deseos.

Como una Sara moderna, es posible que tengas deseos similares. Es probable que desees dar a luz (ya sea de forma natural, espiritual o ambas), ser justa, agradar y honrar a Dios. Los otros deseos cotidianos de tu corazón son solo piezas del plan que Dios tiene para tu vida.

Tu lugar ideal

Vivimos en una época en la que muchas personas claman por encontrar el propósito de su vida. Quieren saber dónde encajan. Quieren encontrarle sentido a la vida. Pero tratar de encontrar propósito y significado en lo que el mundo llama éxito no tiene sentido. El verdadero éxito se encuentra en un escenario muy distinto.

Para encontrarle sentido a la vida, tienes que entender el propósito que Dios tiene contigo. Todos tenemos un papel que desempeñar en la familia de Dios. Fuiste escogida por Dios para ser parte de su familia, parte del cuerpo de Cristo, antes de la fundación del mundo. Eres elegida. Eres aceptada. Eres bendecida.

Alabado sea Dios, Padre de nuestro Señor Jesucristo, que nos ha bendecido en las regiones celestiales con toda bendición espiritual en Cristo. Dios nos escogió en él antes de la creación del mundo, para que seamos santos y sin mancha delante de él. En amor nos predestinó para ser adoptados como hijos suyos por medio de Jesucristo, según el buen propósito de su voluntad, para alabanza de su gloriosa gracia, que nos concedió en su Amado.

—Efesios 1:3-6

Como hija de Dios, necesitas encontrar tu lugar en la familia. Necesitas encontrar dónde encajas, tu lugar ideal. Necesitas descubrir tu propósito. Necesitas saber cuál es tu lugar para servir al cuerpo de Cristo y hacer avanzar el reino de Dios realizando lo que él ideó que hicieras. Dios le da a cada persona un trabajo que hacer, una asignación. Eres ungida para esa tarea, lo que significa que el poder de Dios para sentir algo, para desear algo, está conectado con tu tarea o misión.

Necesitas identificar tus deseos y prestarles la atención adecuada. Los deseos de muchas de nosotras han sido menospreciados y, debido a ese desánimo, no profundizamos más en la busca y obtención de ellos. Pero si Dios ha despertado deseos en tu corazón, debes prestarles atención.

Siempre anhelé estar en un escenario interpretando algo. Al principio pensé que sería en las artes, ya que era bailarina. Además, era creativa y escribía poesía. También anhelaba enseñar, ya fuera arte, música u otra cosa. Pero en ese momento no sabía que todas esas cosas eran realmente solo parte de mi propósito de ser predicadora. Mi propósito es ministrar y presentarle a Dios al mundo. Todos esos deseos que tenía solo me estaban dirigiendo y preparándome para ello.

También es importante reconocer que hay tiempos y estaciones para tu propósito. Todo ello es parte de tu proceso de crecimiento. No importa en qué etapa del proceso te encuentres, serénate y disfrútalo. Si estás en una temporada de espera, emplea el tiempo de manera sabia. No sigas tratando de adelantarte a Dios en un intento por darle a algún blanco imaginario. Descansa en el Señor, acepta lo que eres y espera el tiempo apropiado.

El tiempo en que tenía treinta y tantos años, y mi hija cursaba la escuela secundaria, fue una temporada para mí

en la que me desempeñé más como madre que como orado-
ra de primera línea en la predicación y la enseñanza. En esa
época pude enseñar, entrenar, activar y cultivar a mi hija
como individuo. Tuve que resolver dentro de mí misma que
no estaba alejada de mi propósito. Invertir en mi hija fue mi
principal propósito durante esa temporada. Pero necesitaba
discernir eso para no ver la crianza de mi hija como una
barra colateral.

Hay diferentes formas de identificar tus deseos. Reflexio-
na en tu infancia y en los sueños que tenías. Muchas de
las cosas de nuestra infancia son puras; esos sueños pueden
haber sido un lugar seguro para ti; es más, es probable que
fueran esas cosas las que te mantuvieron en marcha. Pídele
al Señor que te recuerde esas cosas, los deseos que él plantó
en tu corazón cuando eras solamente una chica.

A veces puedes escuchar una palabra directa de Dios
que despierte tus deseos. La profecía también estimula los
deseos en nosotras. A veces Dios vivificará una escritura en
tu corazón. El Espíritu Santo te conducirá y te guiará. Dios
también puede darte un sueño o una visión.

Cuando Dios ha despertado un deseo en tu corazón, el
primer paso que debes dar es validar ese deseo y tus dones y
talentos que lo acompañan. No te dejes convencer por fami-
liares, o ladrones de sueños, en cuanto a que dejes de perseguir los deseos que Dios te dio en el corazón.

¡No pierdas el control!

Las Saras de hoy en día necesitan perseguir apasionadamen-
te los planes y los propósitos que Dios tiene para sus vidas
sin dejar que los ladrones de sueños se interpongan en el
camino. Si Dios ha puesto un sueño en tu corazón, debes
tener confianza en tu capacidad para seguirlo hasta que se

cumpla en tu vida. Estás llamada a la fecundidad, ya sea natural o espiritual, por lo que no puedes permitir que el enemigo se interponga en tu camino.

Hebreos 10:22-25 (RVR1960) dice:

> Acerquémonos con corazón sincero, en plena certidumbre de fe, purificados los corazones de mala conciencia, y lavados los cuerpos con agua pura. Mantengamos firme, sin fluctuar, la profesión de nuestra esperanza, porque fiel es el que prometió. Y considerémonos unos a otros para estimularnos al amor y a las buenas obras; no dejando de congregarnos, como algunos tienen por costumbre, sino exhortándonos; y tanto más, cuanto veis que aquel día se acerca.

Hija de Sara, es necesario que te sujetes fuertemente, sabiendo que fiel es aquel que despertó los deseos en tu corazón. La palabra griega traducida como "sujetarte" significa "sostener, mantener, suspender, poseer, apoderarte, mantener firme la posesión de, mantenerte segura". En otras palabras, ¡no pierdas el control de tus sueños!

Para mantener el control de tus sueños, debes conocer a los que los roban y a sus tácticas, al igual que debes saber cómo derrotarlos. Uno de los ladrones de sueños es el tiempo. Cuando Dios te ha dado un sueño o una visión, pero pasa mucho tiempo y aún no lo has cumplido, puedes desanimarte. El paso del tiempo corroe tu fe, tu perseverancia y tu pasión. Tu alma puede verse tentada a levantarse y cuestionar la integridad de Dios mismo cuando esperas y esperas y continúas esperando. Pero debes recordar que hay un tiempo señalado para que tu sueño se cumpla, y que Dios es fiel. Él te dio una promesa específica en su Palabra solo para momentos como este:

Estoy convencido de esto: el que comenzó tan buena obra en ustedes la irá perfeccionando hasta el día de Cristo Jesús.

—Filipenses 1:6

Dios va a terminar lo que comenzó en tu corazón. La clave para derrotar al ladrón de sueños del tiempo es el recuerdo. Recuerda a Dios. Recuerda la experiencia que tuviste cuando él te dio la promesa. Recuerda que él es fiel. Recuerda que el tiempo de espera es solo parte de tu proceso de crecimiento. Recuerda sus promesas. Recuerda todas las veces que él te ha ayudado. Recuerda... y espera la hora señalada.

Humíllense, pues, bajo la poderosa mano de Dios, para que él los exalte a su debido tiempo.

—1 Pedro 5:6

Otro ladrón de sueños es Satanás y sus mentiras. Satanás usará todo lo que pueda para desviarte cuando estés persiguiendo tu sueño y los propósitos de Dios para tu vida. No dejes que lo haga. ¡No pierdas el control!

Satanás pondrá todo tipo de tentaciones en tu camino. Te llenará la cabeza de mentiras como las siguientes: una pequeña concesión no me hará daño porque Dios me perdonará. Puedo permitir que este pecado, en particular, regrese a mi vida mientras espero porque la misericordia de Dios lo cubra; este poquito de desobediencia está bien por la gracia de Dios. No abuses de la gracia, la misericordia y el perdón de Dios al permitir que el pecado regrese a tu vida. Cuando dejas que el enemigo afecte tu forma de pensar, comienzas a retroceder, y vivir de esa manera durante un período prolongado de tiempo es muy peligroso. El pecado abrirá la puerta para que la muerte invada tu vida. La clave para derrotar las mentiras del enemigo es llevar cautivos esos pensamientos:

> ... derribando argumentos y toda altivez que se levanta contra el conocimiento de Dios, y llevando cautivo todo pensamiento a la obediencia a Cristo.
> —2 Corintios 10:5, RVR1960

Dios te ha dado un arma muy poderosa: Su Palabra. Cuando el enemigo venga a robar tus sueños con sus mentiras, lucha con la espada del Espíritu. Empuña la verdad como la feroz guerrera de Dios que eres y no le des, a las mentiras, la oportunidad de echar raíces en tu corazón.

Por desdicha, los ladrones de sueños también se encuentran a menudo en tu propia familia. Tu familia es una poderosa influencia en tu vida y su negatividad puede impedir que avances en la fe. Los miembros de la familia pueden decir palabras de duda y desánimo en cuanto a tus deseos y tus sueños: "Eso no te llevará a ninguna parte", "No eres capaz de hacer eso" o "Eso no va a hacer nada por ti". Es por ello que Dios, a veces, te llama lejos de tu familia, tal como lo hizo con Abraham y Sara cuando los llamó a dejar su hogar y su país e ir a un lugar que él les mostraría. Puede significar reubicarte físicamente o, simplemente, desconectarte de tu forma de pensar, la mentalidad negativa que reprime tu deseo de hacer lo que Dios te ha llamado a hacer.

Los ladrones de sueños también pueden incluir dudas, incredulidad, miedo y otras cosas. Pero, en última instancia, la clave para derrotar a cualquier ladrón de sueños es caminar por fe, no por vista (2 Corintios 5:7). Dios está obrando entre bastidores, haciendo que incluso las mayores desilusiones, frustraciones, desafíos y reveses de la vida trabajen para tu bien. Dios promete que "a los que aman a Dios, todas las cosas les ayudan a bien, esto es, a los que conforme a su propósito son llamados" (Romanos 8:28).

Las Saras modernas acogen firmemente el plan de Dios para sus vidas. Aun cuando los ladrones de sueños traten de causar duda, desilusión o desesperación, las hijas de Sara se levantarán en la fe para perseguir valientemente los deseos de sus corazones, despertados por el Señor Dios Todopoderoso para un momento como este. Lo harán aferradas a las promesas de Dios, por lo que no perderán el control.

Sé tu

En lo referente a sueños y deseos, debes aceptar lo que eres. Dios no se equivocó cuando te dio los deseos de tu corazón, así que no te distraigas con los deseos de otras personas. A veces podemos entrar en competencia con otros cuando se trata de nuestros deseos y cómo toman forma. Podemos pensar que necesitamos mirar a otras personas y ver cómo están persiguiendo sus propósitos para asegurarnos de que ganemos una carrera imaginaria hasta el final. Tu propósito es solo tuyo. No estás en competencia con nadie. Sara reconoció eso. Ella no estaba compitiendo con nadie, ni siquiera con Agar. Tenía confianza en lo que ella era y en el plan que Dios tenía para ella.

Necesitas ser auténticamente tú, la persona que Dios ideó que fueras. Así que, en vez de tratar de ser otra persona o tratar de cumplir con las expectativas de alguien más, debes ser lo que tú eres. Eres hechura de Dios, creada exactamente de la manera que él quiso para que disfrutes de todas las cosas buenas que él preparó para ti (Efesios 2:10).

Tienes el poder para cambiar el mundo, pero comienza contigo siendo auténticamente tú. No necesitas tratar de hacer algo espectacular con tus propias fuerzas. Has sido equipada sobrenaturalmente para cumplir los propósitos que Dios tiene contigo en la tierra. Así es como Dios te creó: eres naturalmente sobrenatural. Ten confianza en la forma en que fuiste creada y en los sueños y deseos que Dios ha puesto en tu corazón. Dios te guiará. Sigue caminando por fe.

Oración acerca de los deseos cotidianos

Señor, opto por deleitarme en ti para que me concedas los deseos de mi corazón. Me creaste para un propósito específico y los deseos que pusiste en mi corazón están ahí por una razón. Ruego que me vuelvas a recordar los deseos que pusiste en mi corazón ya que fui víctima de los ladrones de sueños. Ayúdame a desear la justicia más de lo que deseo tener la razón. Ayúdame a desear complacerte y honrarte por encima de todo.

Señor, oro para que me muestres dónde encajo, dónde está mi lugar en tu familia. Sé que soy bendecida, elegida y aceptada, pero necesito descubrir mi propósito y el lugar donde puedo servirte y hacer avanzar tu reino. Úngeme para mi tarea. Decido descansar en ti y esperar el tiempo señalado. Me aferraré a los sueños y deseos que has puesto en mi corazón. Me acordaré de tu bondad y venceré las mentiras del enemigo con la verdad de tu Palabra.

Gracias porque estoy asombrosa y maravillosamente hecha. Elijo ser exactamente lo que ideaste que fuera. Ayúdame a caminar en las buenas obras que preparaste para mí. Sé que todas las cosas están obrando para mi bien, por lo que te alabo. ¡Gracias Jesús! Amén.

CAPACIDAD
PARA RECIBIR
MILAGROS

Capítulo 3

CAPACIDAD PARA RECIBIR MILAGROS

Ensancha el espacio de tu carpa, y despliega las cortinas de tu morada. ¡No te limites! Alarga tus cuerdas y refuerza tus estacas. Porque a derecha y a izquierda te extenderás; tu descendencia desalojará naciones, y poblará ciudades desoladas.

—Isaías 54:2-3

TODAS LAS PERSONAS pasamos por un proceso de crecimiento con nuestra fe. La fe es como una semilla plantada en el corazón. A medida que la nutres y la riegas con la Palabra, comienza a crecer y a desarrollarse, por lo que echa raíces profundamente en tu alma y produce frutos en tu vida. Parte de ese proceso de crecimiento es desarrollar tu capacidad para recibir milagros.

Percepción

El desarrollo de la capacidad comienza con la percepción. La percepción se define como "la forma en que piensas o entiendes a alguien o algo; el modo en que notas o entiendes algo usando uno de tus sentidos... cognición rápida, aguda e intuitiva: apreciación; capacidad de comprensión". Por otra parte, percepción profunda es "la capacidad para calificar la distancia de los objetos y la relación espacial de ellos a diferentes distancias".

Todas las personas tenemos percepción y percepción profunda en el ámbito de lo natural, pero también necesitamos percepción espiritual. Con la unción de Sara, debes tener la previsión y la capacidad para ver la promesa desde la perspectiva de Dios. Necesitas permitir que el Espíritu Santo ajuste tu forma de pensar o entender las cosas y que te dé la capacidad de comprender cómo obra Dios en tu vida en función de cumplir sus promesas. También necesitas una percepción de profundidad espiritual para poder ver la relación entre las diversas partes del plan de Dios y cómo están trabajando juntas para lograr el propósito de Dios contigo en la tierra.

La percepción de Sara cambió cuando consideró a Dios como fiel. Se enfocó en la persona que estaba detrás de la promesa más que en la propia promesa. En este sentido, es de vital importancia que la fe no se aleje de Dios. El apóstol Pablo, en 2 Timoteo 1:12, dice: "Porque sé en quién he creído, y estoy seguro de que tiene poder para guardar hasta aquel día lo que le he confiado". Dios tiene *poder*, es decir, es capaz. La palabra traducida en este versículo como *poder* significa "poderoso en riqueza e influencia", fuerte, eficaz y enérgico. También significa que es capaz para hacer algo. Las Saras modernas deben cambiar la fuerza de ellas por la fuerza de Dios, sus incapacidades por la habilidad y el poder de él.

A veces, cuando Dios nos habla por primera vez, nuestra percepción es defectuosa. Pero entonces Dios puede darnos un sueño o una visión o hablarnos de otra manera para ayudarnos a entender.

Pero déjame decirte que estás equivocado, pues Dios es más grande que los mortales. ¿Por qué le echas en cara que no responda a todas tus preguntas? Dios nos habla una y otra vez, aunque no lo percibamos. Algunas veces en sueños, otras veces en visiones nocturnas, cuando caemos en un sopor profundo, o cuando dormitamos en el lecho, él nos habla al oído y nos aterra con sus advertencias, para apartarnos de hacer lo malo y alejarnos de la soberbia; para librarnos de caer en el sepulcro y de cruzar el umbral de la muerte.

—Job 33:12-18

Esto es lo que les sucedió a Abraham y a Sara. Recibieron la promesa, pero no la percibieron. Así que Dios les habló una y otra vez. Dios le dio la promesa inicial a Abraham cuando aún estaba en su país de origen. Luego, el Señor se apareció a Abraham nuevamente en Canaán y le dijo que daría la tierra a los descendientes suyos. Entonces el Señor volvió a hablarle a Abraham después de que se separó de Lot. Estoy seguro de que Abraham le contó a Sara todas las cosas que el Señor le dijo. Y aunque entendieron la promesa, su percepción todavía era defectuosa, puesto que cuando el Señor se apareció de nuevo a Abraham, esta vez en una visión, Abraham le dijo: "Señor y Dios, ¿para qué vas a darme algo, si aún sigo sin tener hijos, y el heredero de mis bienes será Eliezer de Damasco? Como no me has dado ningún hijo, mi herencia la recibirá uno de mis criados" (Génesis 15:2-3).

El Señor había hablado de una manera y luego de otra, pero aun así Abraham y Sara no percibieron la verdad subyacente a la promesa de Dios. "Luego el Señor lo llevó afuera y le dijo: Mira hacia el cielo y cuenta las estrellas, a ver si puedes. ¡Así de numerosa será tu descendencia!" (Génesis

15:5). Y el Señor aún no había terminado. Se le apareció de nuevo a Abraham como una antorcha encendida que pasaba entre los pedazos del sacrificio de Abraham, confirmando su pacto con él. Luego, años más tarde, el Señor se le apareció a Abraham una vez más, repitiendo su promesa e incluyendo, esta vez, específicamente a Sara en el plan.

Es por eso que necesitamos pedirle al Espíritu Santo que nos conceda la percepción espiritual. Sí, Dios se asegurará de que entendamos su promesa para nosotras, pero a menudo nos encontramos con problemas cuando no la percibimos correctamente desde el principio. Si la percepción de la promesa por parte de Abraham y Sara hubiera sido correcta desde el primer momento, muchos de los problemas que enfrentaron podrían haberse evitado. Por tanto, cuando recibas la promesa, pide la gracia para percibirla. En esta época, hay mucha actividad celestial que nos ayuda a dar a luz el próximo movimiento de Dios. Así como Dios usó visitas angelicales, sueños, visiones y milagros para empujar a Abraham y a Sara hacia su destino, está haciendo lo mismo hoy. Dios se está moviendo y enviando su Palabra y sus ángeles para ayudarnos a percibir correctamente la promesa. Dios nos está enviando auxilio desde su santuario para ayudarnos a medida que avanzamos hacia el cumplimiento de nuestros destinos.

Se necesita más espacio

Capacidad se define como "la habilidad de sostener o contener personas o cosas ... la capacidad de hacer algo: mental, emocional o físico". Las Saras modernas necesitan tener capacidad para entender los milagros. Esto es parte de su proceso de crecimiento, tal como lo fue para Sara.

El primer paso para hacer espacio y desarrollar tu capacidad es deshacerte de lo viejo para dejar lugar a lo nuevo.

Es como cuando examinas la ropa de tu armario porque quieres renovar tu guardarropa, renovar tu apariencia y cambiar la forma en que te presentas. Para dejar sitio a la ropa nueva, tienes que deshacerte de la vieja.

Para desarrollar tu capacidad para los milagros, necesitas renovar tu mente. Necesitas deshacerte de la vieja forma de pensar, los viejos patrones de pensamiento y los viejos complejos que eran parte de tu antiguo yo. Eres una nueva creación en Cristo; todas las cosas ahora son nuevas.

De modo que si alguno está en Cristo, nueva criatura es; las cosas viejas pasaron; he aquí todas son hechas nuevas.

—2 Corintios 5:17 RVR1960

Con respecto a la vida que antes llevaban, se les enseñó que debían quitarse el ropaje de la vieja naturaleza, la cual está corrompida por los deseos engañosos; ser renovados en la actitud de su mente; y ponerse el ropaje de la nueva naturaleza, creada a imagen de Dios, en verdadera justicia y santidad.

—Efesios 4:22-24

Dejen de mentirse unos a otros, ahora que se han quitado el ropaje de la vieja naturaleza con sus vicios, y se han puesto el de la nueva naturaleza, que se va renovando en conocimiento a imagen de su creador.

—Colosenses 3:9-10

Cuando los viejos pensamientos saltan a tu cerebro, especialmente las mentiras del enemigo que te tientan a caer de nuevo en el pecado, necesitas llevar cautivo todo eso a la obediencia de Cristo y reemplazarlo con la verdad de la Palabra.

Las armas con que luchamos no son del mundo, sino que tienen el poder divino para derribar fortalezas. Destruimos argumentos y toda altivez que se levanta contra el conocimiento de Dios, y llevamos cautivo todo pensamiento para que se someta a Cristo.

—2 Corintios 10:4-5

Una vez que te hayas deshecho de tus viejas mentalidades y las hayas reemplazado por otras nuevas basadas en la verdad de la Palabra de Dios, es hora de expandirte.

Tú, mujer estéril que nunca has dado a luz, ¡grita de alegría! Tú, que nunca tuviste dolores de parto, ¡prorrumpe en canciones y grita con júbilo! Porque más hijos que la casada tendrá la desamparada —dice el Señor—. Ensancha el espacio de tu carpa, y despliega las cortinas de tu morada. ¡No te limites! Alarga tus cuerdas y refuerza tus estacas. Porque a derecha y a izquierda te extenderás; tu descendencia desalojará naciones, y poblará ciudades desoladas. No temas, porque no serás avergonzada. No te turbes, porque no serás humillada. Olvidarás la vergüenza de tu juventud, y no recordarás más el oprobio de tu viudez. Porque el que te hizo es tu esposo; su nombre es el Señor Todopoderoso. Tu Redentor es el Santo de Israel; ¡Dios de toda la tierra es su nombre!

—Isaías 54:1-5

¡Hija de Sara, es hora de expandirte! Destruye esos muros, agrega una extensión y haz más espacio porque lo vas a necesitar. Sara fue llamada a ser madre de naciones y, por lo tanto, las Saras de hoy son llamadas a ser lo mismo. Abraham y Sara querían un hijo, e inicialmente su perspectiva no iba mucho más allá de ello. Ellos no sabían el alcance del plan de Dios ni cuántas generaciones Dios iba a bendecir a causa de su fe y su confianza en él. Pero su único acto de obediencia tuvo un efecto mucho mayor en la humanidad de lo que jamás podrían haber imaginado.

Tú, tal como Sara, puedes estar segura de que el plan de Dios para ti tendrá efectos de largo alcance. Los caminos y los pensamientos de Dios son diferentes a los nuestros, por lo que debemos estar preparadas para algo más grande de lo que soñamos.

Porque mis pensamientos no son los de ustedes, ni sus caminos son los míos —afirma el Señor—. Mis caminos y mis pensamientos son más altos que los de ustedes; ¡más altos que los cielos sobre la tierra!

—Isaías 55:8-9

Las mujeres que poseen la unción de Sara reciben fuerza sobrenatural para ser de bendición a las generaciones. Dios está impartiendo y activando una unción sobrenatural en ti para que des a luz tus sueños. Las Saras de hoy recibirán la capacitación divina para equipar, enseñar y entrenar a la próxima generación. Dios está impartiendo fe en las mujeres para dar nacimiento a nuestro instinto de crear, nutrir e invertir en la vida de otros. La unción de Sara no se limita a la maternidad natural y física ni a la crianza de los hijos. Creamos vidas e ideas, curas, soluciones, estrategias y movimientos completos. Por eso se necesita la expansión.

Insisto, aun cuando la unción de Sara puede aplicarse a las hijas físicas, en última instancia se trata de hijas espirituales y de pasar la herencia de la fe de una generación a la siguiente. Como hija de Sara has recibido una unción de madre como gracia espiritual. Si estás casada, esa gracia es tanto para tus hijas naturales como espirituales. Si eres soltera, recuerda que tu Hacedor es tu esposo; la gracia espiritual con la madre es tanto tuya como la de la mujer casada. Ten en cuenta que el pasaje de Isaías 54 dice que la mujer que no da a luz tendrá más hijos que la mujer que da a luz. Tu soltería, ya sea solo por una temporada o no, es parte del plan de Dios. No dejes que el enemigo trate de decirte que eres de menor valor para la obra del reino solo porque no tienes un anillo en el dedo.

Dios está usando mujeres, tanto casadas como solteras, y continuará usándolas para derramar su bendición en la próxima generación. Luego, las mujeres de la próxima generación harán lo mismo en la generación que sigue y así sucesivamente hasta que los propósitos del reino de Dios se cumplan en la tierra. Cuanto mayor capacidad tengas, más podrás verter en las demás, haciendo crecer y nutriendo a las hijas espirituales que Dios te ha dado.

Aun cuando es posible que hayas sido estéril, Dios te está capacitando como una Sara moderna para apoderarte de naciones enteras y para restablecer las ciudades abandonadas con tus hijas espirituales. No importa si has sido estéril hasta ahora. Las naciones ya existían en Sara, aun cuando ella era estéril. Es posible que hayas perdido la oportunidad en lo que se refiere a dar a luz a niños espirituales, pero puedes recuperarla nuevamente. Hay un clamor que viene del futuro, de tu linaje espiritual, clamando porque des a luz algo que continúe de generación en generación. Las naciones están en ti, aunque seas estéril. Si no luchas y usas tus dones, las generaciones de tu linaje podrían perderse. ¡Lucha, pues, por la fe! ¡Lucha por las promesas que Dios te hizo!

Las Saras de hoy en día están siendo equipadas para proclamar la Palabra, para generar cambios, dar esperanza, animar a otros y hacer una diferencia en el mundo tanto para esta generación como para las generaciones venideras, todo ello con el fin de para promover el reino de Dios y para la gloria de él.

El Señor ha emitido la palabra, y millares de mensajeras la proclaman.

—Salmos 68:11

Cómo forjar el carácter para mantener la promesa más grande

De modo que, ¿cómo te preparas para las grandes cosas que Dios tiene para tu vida? Las palabras proféticas de edificación y aliento que te capacitan son bendiciones y realmente pueden conmover tu corazón, pero desarrollar tu capacidad comienza con la formación de tu carácter. Tus acciones cotidianas, la manera en que respondes a las personas en los encuentros cotidianos, el modo en que tomas decisiones, cómo respondes al conflicto, cómo respondes al éxito y la promoción: esos son el tipo de cosas que demuestran tu carácter. ¿Muestran, tus acciones diarias, el fruto del Espíritu o las obras de la carne, es decir, la naturaleza pecaminosa?

Las obras de la naturaleza pecaminosa se conocen bien: inmoralidad sexual, impureza y libertinaje; idolatría y brujería; odio, discordia, celos, arrebatos de ira, rivalidades, disensiones, sectarismos y envidia; borracheras, orgías, y otras cosas parecidas. Les advierto ahora, como antes lo hice, que los que practican tales cosas no heredarán el reino de Dios. En cambio, el fruto del Espíritu es amor, alegría, paz, paciencia, amabilidad, bondad, fidelidad, humildad y dominio propio. No hay ley que condene estas cosas.

—Gálatas 5:19-23

Nadie espera que seas perfecta. Sara no lo era, pero aprendió de sus errores y siguió creciendo, continuando su proceso de transformación. Así que cuando peques, cuando cometas un error, cuando falles, no pierdas el tiempo dedicándote a la autoconmiseración. En vez de eso, aprende de tu experiencia y sigue avanzando. Busca la Palabra de Dios y el ejemplo de Jesús para que definas tus valores fundamentales. Imita a Jesús. Has todo lo posible por parecerte más a él cada día. Sé una mujer de fe, justicia, humildad y sabiduría. Recuerda, cualquiera que haya hecho algo grande para Dios en cualquier área de su vida ha sudado, sacrificado, caído y tropezado antes de ver el éxito.

Elegida para un milagro

Hay una gran diferencia entre una bendición y un milagro. Cuando vemos los milagros de Dios, nos asombramos y nos maravillamos por lo maravilloso que él es, pero —si realmente lo piensas— nadie quiere estar en una situación en la que necesite un milagro. Necesitar un milagro no es un escenario agradable en el cual estar. Cuando necesitas un milagro, estás en un lugar de desesperación, quebrantamiento y desilusión, en extrema necesidad de la misericordia de Dios. ¿En verdad quieres estar en un escenario así? Por supuesto que no. Así que, entonces, opta por vivir en la bendición del Señor. El plan final de Dios siempre fue hacernos una bendición para que todas las naciones de la tierra puedan ser bendecidas.

Por tanto, decide ser una mujer que camine en comunión con Dios, en cuya vida se desborde la bondad divina. Dios quiere que vivas en paz con él, con los demás y contigo misma. Él quiere que estés llena de su paz, esa que sobrepasa todo entendimiento. Él quiere que te despiertes cada mañana consciente de que sus misericordias son nuevas y llena del gozo del Señor, que es tu fortaleza. Él quiere bendecirte.

El Señor te bendiga y te guarde; el Señor te mire con agrado y te extienda su amor; el Señor te muestre su favor y te conceda la paz.

—Números 6:24-26

Cuando vives en la bendición del Señor, pasas tiempo en comunión con él, creces en el conocimiento y aplicación de la Palabra y caminas en justicia con la ayuda del Espíritu Santo; eres una buena administradora de la promesa. Te estás preparando, construyendo tu capacidad para ver los milagros, porque aun cuando vivas bajo la bendición de Dios, puede llegar el momento en que necesites un milagro, por lo cual debes estar preparada para ello.

Dios escoge mujeres que sientan pasión por él para que sean receptoras de milagros. Cuando observamos a las mujeres de la Biblia que tuvieron hijos a través de medios milagrosos y sobrenaturales, vemos un patrón. Elisabet era "justa delante de Dios, y andaba irreprensible en todos los mandamientos y ordenanzas del Señor" (Lucas 1:6). María fue "muy favorecida... [y] bendita... entre las mujeres" y fue "sierva del Señor" (Lucas 1:28, 38). Ana "derramó [su] alma delante del Señor" (1 Samuel 1:15). Y Sara, pese a sus errores y desafíos, demostró que era una mujer de fe. A pesar de las imposibilidades de lo natural, a pesar del hecho de que toda razón hablaba en contra de la promesa de Dios, a pesar del hecho de que la naturaleza tenía que ser anulada, Sara pasó de la incredulidad a la creencia y confió en Dios. Con la excepción de María, todas las mujeres que acabo de mencionar tuvieron que lidiar con el dolor de la esterilidad. Todas tuvieron que lidiar con el ridículo social. Pero sus circunstancias dolorosas no tuvieron nada que ver con su propio pecado. Al contrario, esas circunstancias fueron orquestadas para que la gloria de Dios pudiera ser manifestada.

Dios dispone todas las cosas para tu bien. Esa es una promesa en la que puedes apoyarte cuando necesites un milagro, cuando estés esperando el cumplimiento de una promesa. Cuando hayas sido escogida para un milagro, Dios hará que seas un vaso para su gloria.

Jesús, cierta vez, pasó junto a un hombre que había sido ciego de nacimiento, cuando alguien le preguntó quién había pecado para que ese hombre naciera ciego. Jesús respondió:

> Ni él pecó, ni sus padres, sino que esto sucedió para que la obra de Dios se hiciera evidente en su vida.
>
> —Juan 9:3

La palabra traducida como "obra" significa labor, faena, esfuerzo, empresa, negocio, ocupación y compromiso. Cuando Jesús anduvo en esta tierra, se ocupó de los asuntos del Padre. Las cosas que hizo y los milagros que realizó fueron parte del plan de Dios. El ciego de nacimiento necesitaba un milagro. Fue elegido para recibir un milagro. Y ese milagro dio gloria a Dios. Pero, a menudo, el milagro debe esperar un tiempo para que se concrete. Durante ese tiempo de espera, debemos confiar en que ello es parte del plan. Necesitamos usar ese tiempo de espera de manera sabia, ¿cómo?, preparándonos para ser vasos de la promesa. Dios nos dará paciencia para la espera. Él te dará poder para esperar. Así que no te adelantes ni celebres antes de que el milagro esté terminado. Eres escogida. Dios cumplirá su promesa contigo. Bien dijo el salmista: "Guarda silencio ante el Señor, y espera en él con paciencia" (Salmos 37:7).

Declaraciones en cuanto a cómo forjar
la capacidad para recibir milagros

Forjaré mi capacidad para los milagros.

Tengo percepción espiritual y percepción profunda.

Dios me habla en sueños y visiones para ayudarme a entender.

Recibo la promesa y el Espíritu Santo me da la gracia para percibirla.

Renuevo mi mente con la Palabra de Dios.

Soy una nueva creación en Cristo. Las cosas viejas han pasado. Todas las cosas ahora son nuevas.

Me despojo del ser viejo y me visto del nuevo.

Ensancharé el lugar de mi tienda y fortaleceré mis estacas. Me extenderé a la derecha y a la izquierda, y mis descendientes heredarán las naciones.

La unción de madre que poseo es una gracia espiritual.

Me derramaré en la próxima generación. Criaré a los hijos espirituales que Dios me ha dado.

El Señor me dio la palabra, por tanto, la proclamaré.

Aprendo de mis errores y sigo avanzando.

Soy una mujer de fe, justicia, humildad y sabiduría.

He sido escogida para recibir un milagro.

Decido vivir en la bendición del Señor. Camino en comunión con Dios.

Estoy llena del gozo del Señor, que es mi fortaleza. Dios dispone todas las cosas para mi bien.

Soy un vaso escogido para la gloria de Dios.

EL PODER DE LA
AYUDA IDÓNEA

Capítulo 4

EL PODER DE LA AYUDA IDÓNEA

Y dijo Jehová Dios: No es bueno que el hombre esté solo;
le haré ayuda idónea para él.

—Génesis 2:18 RVR1960

Entonces Jehová Dios hizo caer sueño profundo sobre
Adán, y mientras este dormía, tomó una de sus costillas,
y cerró la carne en su lugar. Y de la costilla que Jehová Dios tomó del hombre, hizo una mujer, y la trajo al
hombre. Dijo entonces Adán: Esto es ahora hueso de mis
huesos y carne de mi carne; esta será llamada Varona,
porque del varón fue tomada. Por tanto, dejará el hombre
a su padre y a su madre, y se unirá a su mujer, y serán
una sola carne.

—Génesis 2:21-24 RVR1960

DIOS CREÓ "UNA ayuda idónea" para Adán (Génesis 2:18).
La palabra hebrea para *ayuda idónea* o *ayuda adecuada*, es
'ēzer, que significa ayudante o que socorre y proviene de una
raíz que significa rodear, proteger, contribuir y ayudar. Esa
palabra habla de alguien que tiene la capacidad para rescatar. Las mujeres fueron creadas para ser ayudantes. Es parte
de nuestra naturaleza.

Características de una ayuda idónea

Aun cuando ser una ayuda es parte de tu naturaleza, para ser el tipo de ayuda idónea que Dios ideó que fueras, debes conocer lo que caracteriza a una ayuda idónea de Dios. No hay nada para buscar eso que recurrir al Espíritu Santo, porque él —en sí mismo— es el Ayudador. Casi al final de su vida en la tierra, Jesús prometió a sus discípulos lo siguiente:

> Pero el Consolador, el Espíritu Santo, a quien el Padre enviará en mi nombre, les enseñará todas las cosas y les hará recordar todo lo que les he dicho.
> —Juan 14:26

El Espíritu Santo es el paradigma máximo de lo que es ser un ayudante, pero —además de modelo— también nos enseña y nos capacita para que nos convirtamos en ayudantes. El Espíritu Santo es el Consejero y el Consolador; el Espíritu de sabiduría y de inteligencia, de consejo y de poder, de ciencia y de temor del Señor; es el mismo Espíritu de adopción; el Espíritu de gracia; y el Espíritu de verdad (Juan 14:16; Isaías 11:2; Romanos 8:15; Hebreos 10:29; Juan 14:17).

Así que, una buena ayuda idónea modela las siguientes características. Alienta, exhorta, edifica, consuela, aconseja y comprende. Está llena de sabiduría, gracia y verdad. Habla por los demás con su voz y usa esa voz con sabiduría. Sabe que la muerte y la vida están en el poder de su lengua, por lo que escoge sus palabras con cuidado, consciente de que las cosas que dice pueden afectar la capacidad de alguien para caminar en la promesa. Por su madurez, es capaz de tener un espíritu manso y apacible. Como ayuda idónea que es, conoce el poder que tiene, pero lo tiene bajo control.

Eva fue la primera mujer calificada como ayuda idónea. Cuando comparamos a Sara con Eva, vemos imágenes muy diferentes. Sara siguió a su esposo, pero Eva llevó a su esposo a la destrucción.

La serpiente era más astuta que todos los animales del campo que Dios el Señor había hecho, así que le preguntó a la mujer: "¿Es verdad que Dios les dijo que no comieran de ningún árbol del jardín?". "Podemos comer del fruto de todos los árboles", respondió la mujer. "Pero, en cuanto al fruto del árbol que está en medio del jardín, Dios nos ha dicho: 'No coman de ese árbol, ni lo toquen; de lo contrario, morirán'".

Pero la serpiente le dijo a la mujer: "¡No es cierto, no van a morir! Dios sabe muy bien que, cuando coman de ese árbol, se les abrirán los ojos y llegarán a ser como Dios, conocedores del bien y del mal".

La mujer vio que el fruto del árbol era bueno para comer, y que tenía buen aspecto y era deseable para adquirir sabiduría, así que tomó de su fruto y comió. Luego le dio a su esposo, y también él comió.

—Génesis 3:1-6

Eva es muy criticada por su papel en la caída del hombre, pero creo que hay más en esta historia de lo que algunos podrían pensar. La Escritura es clara en cuanto a que ella fue engañada (1 Timoteo 2:14). También está claro que Adán no fue engañado, pero optó por comer la fruta de todos modos. El Señor le había dado instrucciones a Adán acerca del árbol del conocimiento del bien y del mal antes de que Eva fuera creada. Sabemos que ella sabía acerca de las instrucciones por lo que le dijo a la serpiente, pero también sabemos que no tenía los hechos claros. Dios había dicho: "No comas", pero Eva dijo que Dios afirmó: "No comas ni toques". Y sabemos por Génesis 3:6 que Adán estuvo con Eva todo el tiempo que ella estuvo hablando con la serpiente. Escuchó que Eva no tenía los hechos claros, escuchó a la serpiente engañándola y sabía la verdad, pero no intervino. Es más, no le dio importancia.

Aunque Eva fue engañada, creo que fue sincera en su deseo de ayudar. Cuando la serpiente le dijo que ambos podían ser como Dios, pensó que eso era algo bueno. Y creo que la razón por la que Adán no habló fue porque también a él le pareció bien. Ninguno de los dos entendían que ya eran como Dios. Por tanto, cuando Eva comió el fruto y luego se lo ofreció a su esposo, creo que pensó que estaba haciendo lo correcto. Todavía estaba operando en su papel de ayudante, tratando de mejorar las cosas para ella y para su esposo.

Sara, en cambio, siguió a su marido. Se sometió al liderazgo de él, aun cuando estoy segura de que su naturaleza carnal clamaba que se rebelara. No me imagino que fue fácil cuando Abraham le dijo que se iban de su tierra natal, sobre todo cuando ella preguntó a dónde iban y la respuesta de Abraham fue: "A donde Dios nos muestre que vayamos". Pero aun así lo siguió, esa fue solo una de las formas en que sirvió como ayuda idónea para su esposo.

La visionaria

Sara fue una visionaria. Ella tuvo una visión relativa a Abraham, su familia, su vida y su matrimonio. Dios les había dado una poderosa promesa, la cual le dio a ella la capacidad para ver el final desde el principio, para ver lo que Dios tenía reservado para ellos. Y esa visión le permitió quedarse, seguir apoyando a su esposo, alentarlo y animarlo, ser una voz de sabiduría y seguir creyendo que la promesa se cumpliría.

Esa visión también le permitió a Sara llamar a Abraham señor, un título de honra y respeto.

> Así se adornaban en tiempos antiguos las santas mujeres que esperaban en Dios, cada una sumisa a su esposo. Tal es el caso de Sara, que obedecía a Abraham y lo llamaba su señor. Ustedes son hijas de ella si hacen el bien y viven sin ningún temor.
>
> —1 Pedro 3:5-6

Seamos realistas, Abraham se equivocó mucho, falló muchas veces. Y, sin embargo, Sara lo llamaba señor; no lo menospreciaba. Lo honraba a pesar de sus errores. Lo respetaba. Lo consideraba. Debido a la visión que tuvo con Abraham, reconoció quién era ella realmente. Sara sabía que Dios estaba obrando en medio de sus circunstancias, por lo que confiaba en él. La Biblia habla de llamar a las cosas que no son como si fueran (Romanos 4:17). Al continuar honrando a su esposo llamándolo señor, aun cuando no estuviera actuando como era digno de ese honor, Sara pronunciaba palabras de vida. Podía ver el final, así que siguió declarándolo. Siguió hablando la visión sobre la vida de Abraham porque sabía a dónde lo había llamado Dios.

Las Saras de hoy también son visionarias. Se les ha dado la gracia de ver las cosas desde la perspectiva de Dios. Ellas también tienen una visión para sus vidas, sus esposos y sus hijos, tanto naturales como espirituales. Y tener esa visión, esa perspectiva, realmente es una gracia. Cuando el Espíritu Santo te da una visión en cuanto a cuál será el cumplimiento de tu promesa, te da esperanza, te da vigor y te ayuda a seguir adelante. Además, te da la capacidad para tener un espíritu manso y apacible porque no quieres perturbar la visión que Dios te dio, hiriendo a tu esposo o a cualquier otra persona con tus palabras o tus acciones. Hay momentos en que las Saras estarán calladas, no porque no tengan nada que decir, sino porque tienen la madurez para saber que sus palabras son poderosas. Por eso mantienen ese poder bajo control, sabiendo que son guardianas de la visión y no quieren ponerla en peligro.

El poder de la sumisión

Hay poder en la sumisión. La palabra griega para sumisión es *hipotasso*. Significa una actitud voluntaria de cooperación, someterse, ceder, obedecer o sujetarse. Eso significa que la sumisión es una elección.

Sara decidió someterse a Abraham. Para ella fue fácil someterse a él porque él se sometía al Señor, es decir, esa era la idea de la sumisión mutua. Por supuesto, considerando la época y la cultura en la que vivía, habría sido casi imposible para ella rechazar rotundamente a Abraham, pero la sumisión es más que obedecer. La sumisión tiene que ver con tu actitud cuando obedeces. Si obedeces a alguien, pero murmuras y te quejas, no te estás sometiendo. Puedes obedecer a tu esposo en absolutamente todo, pero si no te sometes a él —aunque obedezcas— puedes hacer que la vida de ambos sea totalmente miserable. La sumisión tiene que ver con la motivación de tus acciones.

La Biblia compara la sumisión en el matrimonio con la relación entre Cristo y la iglesia:

> Esposas, sométanse a sus propios esposos como al Señor. Porque el esposo es cabeza de su esposa, así como Cristo es cabeza y Salvador de la iglesia, la cual es su cuerpo. Así como la iglesia se somete a Cristo, también las esposas deben someterse a sus

esposos en todo. Esposos, amen a sus esposas, así como Cristo amó a la iglesia y se entregó por ella para hacerla santa. Él la purificó, lavándola con agua mediante la palabra, para presentársela a sí mismo como una iglesia radiante, sin mancha ni arruga ni ninguna otra imperfección, sino santa e intachable. Así mismo el esposo debe amar a su esposa como a su propio cuerpo. El que ama a su esposa se ama a sí mismo, pues nadie ha odiado jamás a su propio cuerpo; al contrario, lo alimenta y lo cuida, así como Cristo hace con la iglesia.

—Efesios 5:22-29

La sumisión a la manera de Dios significa que no tienes que preocuparte por ser vulnerable. Cuando una esposa se somete a un esposo que la ama como Cristo ama a la iglesia y está dispuesto a dar su vida por ella, el matrimonio es un escenario seguro. Cuando el esposo y la esposa están cumpliendo con sus roles, aprovechan el poder del acuerdo. Cuando se someten el uno al otro (no pases por alto el versículo justo antes del pasaje sobre los esposos y las esposas: "Sométanse unos a otros, por reverencia a Cristo", Efesios 5:21), pueden cumplir la voluntad de Dios con gracia y tranquilidad. Caminan juntos y alineados. Tienen paz, prosperidad y productividad. Se mantienen fieles a su pacto. Son fructíferos. Tienen dominio. Llegan a ver cumplida la visión de cada uno.

Y la verdad es que la sumisión bíblica realmente puede quitarte un peso de encima. Cuando caminas en sumisión piadosa a tu esposo, no tienes que estar en el asiento del conductor todo el tiempo. Al confiar y someterte a tu esposo, te estás deshaciendo de una carga que nunca debiste llevar. Es algo hermoso cuando puedes apoyar y animar a alguien que está ocupando el lugar número uno de la manera en que

Dios lo ha llamado. Cuando ambos están desempeñando el papel para el que Dios los ha diseñado, es poderoso. Cuando se someten y se prefieren unos a otros, es más fácil ser creativos y lograr los propósitos de Dios.

La sumisión se trata en última instancia del sometimiento a Dios. La Biblia dice que "no hay autoridad que Dios no haya dispuesto, así que las que existen fueron establecidas por él" (Romanos 13:1). Así que, cada vez que te sometes a tu esposo, a tu pastor o a cualquier otra figura de autoridad, en realidad te estás sometiendo a Dios. Pero para ser clara, no tienes que someterte a nadie que te esté poniendo en peligro a ti o a tus hijos o que te diga que hagas algo contrario a la Palabra de Dios.

> Tal es el caso de Sara, que obedecía a Abraham [siguiéndolo y considerándolo como cabeza de su casa] y lo llamaba su señor. Ustedes son hijas de ella si hacen el bien y viven sin ningún temor [es decir, ser respetuosas con sus maridos pero no ceder a la intimidación, ni dejarse llevar al pecado, ni ser dañadas].
>
> —1 Pedro 3:6

Hay quienes utilizan el concepto de sumisión para abusar o maltratar a los demás, especialmente a los oprimidos, marginados o desfavorecidos. Ellos serán responsables por eso puesto que tergiversa la voluntad de Dios respecto de las mujeres. Nunca fue la intención de Dios que la sumisión se usara como excusa para el abuso.

Como una Sara moderna, has sido llamada a la sumisión, ya sea a tu esposo terrenal o, si eres soltera, a tu Hacedor, que es tu esposo (Isaías 54:5). Caminar en sumisión te ayuda a mantenerte justo en medio de la voluntad de Dios, que es el mejor lugar donde estar.

Ayuda idónea errónea

Como he dicho, ayudar es parte de nuestra naturaleza como mujeres. Fuimos diseñadas para ser ayudantes. Pero a veces ese deseo de ayudar puede causar problemas. Piensa en los famosos delincuentes de antaño, Bonnie y Clyde. Algunas personas se preguntan cómo pudo ella participar en todos esos robos con Clyde. Creo que era su deseo de ayudar. Fue un caso de ayuda idónea errónea.

Cuando nos encontramos con un caso de ayuda idónea errónea, a menudo vemos que el hombre no estaba dando un paso al frente para cumplir con su papel. Eva fue engañada por la serpiente, comió el fruto y luego se lo dio a su esposo, pero Adán estuvo allí todo el tiempo. Él no la lideró. No la protegió. No dijo la verdad. Las consecuencias fueron desastrosas, no solo para Adán y Eva, sino para toda la raza humana.

Jezabel fue otro caso de ayuda idónea errónea. Estaba casada con el rey Acab, que "hizo lo malo ante los ojos del Señor, más que todos los que fueron antes de él" (1 Reyes 16:30). Pero Acab no estaba cumpliendo con su papel, ni como rey ni como esposo. Dejó que Jezabel hiciera su trabajo sucio. Entregó su autoridad a Jezabel y, por eso, un hombre fue asesinado, una viña fue robada, y la calamidad y la muerte sobrevinieron a la familia de Acab.

Las mujeres que dan un paso al frente para hacer cosas que se supone que debe hacer el hombre a menudo son etiquetadas como Jezabel. Son acusadas de usurpar la autoridad del hombre y tratar de tomar el control porque el hombre no da un paso al frente. Pero se necesita un Acab para que haya una Jezabel. Cuando los hombres están haciendo su trabajo, desempeñando sus funciones y haciendo las cosas que Dios les ha llamado a hacer, entonces las mujeres no pueden hacer esas cosas. No puede haber Jezabel si no hay Acab.

Sara misma se ubicó en la categoría de ayuda idónea errónea cuando le ofreció a Agar a Abraham en vez de confiar en que Dios cumpliría su promesa. Por tanto, como una Sara moderna, ¿cómo evitas convertirte en una ayuda idónea errónea? Comienza con confiar realmente en el Señor. Apóyate en Dios. Pídele discernimiento y sabiduría para que sepas dónde está el límite en tu situación. Al prepararme para escribir este libro, estudié las palabras *manso* y *quieto*. En el Antiguo Testamento, los mansos son aquellos que confían totalmente en Dios en vez de en sus propias fuerzas para defenderse de la injusticia. La mansedumbre es lo opuesto a la autoafirmación y el interés propio. Se deriva de la confianza en la bondad de Dios y el control sobre la situación.

Cuando no puedes pagar el alquiler, debes reconocer que existe una diferencia entre un hombre que fue despedido de su trabajo y que ha estado buscando empleo activamente durante seis meses y un tipo que se sienta en el sofá todo el día, mirando televisión y comiendo papas fritas. También necesitas reconocer que hay una diferencia entre un hombre que es abusivo y uno que no es salvo. La lealtad nunca debe llegar al punto de ponerse en peligro.

Reconoce también que puedes estar progresando en diferentes niveles en tu proceso de crecimiento. Esa es otra razón para pedirle sabiduría a Dios, pero no tengas miedo de hablar y usar tu voz. Busca el consejo sabio. Usa la Palabra de Dios como medida para todo. Y no abandones la justicia porque creas que tienes la razón. No querrás interponerte en el camino del proceso de Dios.

Señor, sana a mi Abraham

Abraham, el padre de la fe, a veces estaba lleno de miedo. Debido a ese temor, sacrificó a Sara: mintió y le pidió que mintiera, poniéndola en una posición peligrosa. Como una Sara moderna que eres, cuando tu Abraham actúe por miedo, arrodíllate y ora para que Dios lo sane.

Ha habido ocasiones, en mi matrimonio, en las que he tenido conversaciones con Dios acerca de mi esposo y Dios me ha dicho: "Te he confiado a él". Tuve la opción de casarme con mi esposo, pero una vez que dije que sí, me encomendaron a él. Dios nos unió por una razón, así que debo tomar esa confianza en serio al orar por mi esposo.

La ayuda idónea es una esposa que ora. Hay poder en una esposa que ora. Tu esposo, o futuro esposo si eres soltera, todavía está en un proceso de crecimiento, al igual que tú. Todavía se está convirtiendo en el hombre que Dios lo ha llamado a ser. Eres la visionaria; tu superpoder es ser capaz de ver a tu esposo desde la perspectiva de Dios. Cuando el Espíritu Santo te da su perspectiva en cuanto a tu esposo y su visión para el futuro que les espera juntos, te encontrarás orando por tu esposo aún más y extendiéndole la gracia de una manera diferente.

Establece dentro de ti misma que eres la ayuda idónea. Tu marido no lo es. Mujer de Dios, has sido creada y llamada para ser ayuda. Es hora de cumplir con ese llamado.

Oración por la ayuda idónea

Señor, permite que sea la ayuda idónea que me has instado a ser. Veo a tu Espíritu Santo como mi ejemplo. Lléname de sabiduría, entendimiento, gracia y verdad. Ayúdame a usar mi voz sabiamente y hablar palabras de vida a quienes me rodean para animar, exhortar, edificar, consolar y aconsejar. Dame tu visión y ayúdame a mantenerla siempre a la vista. Dame ojos para ver en los demás lo que tú ves en ellos. Decido someterme a ti y también decido someterme a mi esposo. No solo obedeceré, sino que lo haré con una buena actitud. Oraré por mi esposo y seré una ayuda idónea. Señor, dame la gracia para ser la mujer de Dios que me has llamado a ser. En el nombre de Jesús oro. Amén.

NECESIDAD DE ESPERANZA

Capítulo 5

NECESIDAD DE ESPERANZA

Tenemos como firme y segura ancla del alma una esperanza.

—Hebreos 6:19

LA UNCIÓN DE Sara tiene que ver con que te conviertas en una mujer de creencia, visión y esperanza. La esperanza es fundamental para la unción. Es una necesidad tanto para la creencia como para la visión. Sin esperanza, no puedes tener fe, porque "la fe es la certeza de lo que se espera, la convicción de lo que no se ve" (Hebreos 11:1 RVR1960). Por eso, cuando pierdes la esperanza, pierdes la visión.

La esperanza no es solo una ilusión. Es mucho más que eso. La esperanza es la expectativa de ver la bondad de Dios en tu vida. La esperanza es la confianza de que Dios cumplirá sus promesas.

> Entonces Abraham esperó con paciencia y recibió lo que Dios le había prometido … Dios también se comprometió mediante un juramento, para que los que recibieran la promesa pudieran estar totalmente seguros de que él jamás cambiaría de parecer. Así que Dios ha hecho ambas cosas: la promesa y el

juramento. Estas dos cosas no pueden cambiar, porque es imposible que Dios mienta. Por lo tanto, los que hemos acudido a él en busca de refugio podemos estar bien confiados aferrándonos a la esperanza que está delante de nosotros. Esta esperanza es un ancla firme y confiable para el alma; nos conduce a través de la cortina al santuario interior de Dios.

—Hebreos 6:15, 17-19 NTV

La esperanza es un ancla para tu alma, ancla que está arraigada a la fidelidad de Dios. La esperanza es una reserva de fuerza para tu mente, tu voluntad y tus emociones. La esperanza te da la capacidad de esperar pacientemente hasta que recibas la promesa.

Cuando se pierde la esperanza

Abraham y Sara recibieron una promesa de Dios aun antes de dejar su tierra natal. Dios le dijo a Abraham: "Haré de ti una gran nación" (Génesis 12:2). Esas pocas palabras contenían la promesa de un hijo para Abraham y Sara. Esperaron, pero la promesa no se cumplió.

El Señor se apareció de nuevo a Abraham en una visión y le dijo específicamente: "Un hijo tuyo será el que te heredará" (Génesis 15:4). Así que esperaron. Y esperaron. Y esperaron. Pasaron diez años desde el momento en que el Señor se apareció por primera vez a Abraham, pero la promesa aún no se cumplió.

Cuando atraviesas una temporada de esterilidad, esperando que se cumpla la promesa de fecundidad, puede ser difícil mantener la esperanza, porque "la esperanza que se demora, enferma el corazón" (Proverbios 13:12). La esperanza es lo que te hace levantarte de la cama por la mañana, pero la desesperanza puede crear un ambiente propicio para la desesperación. Creo que Sara se estaba acercando a ese lugar de desesperación a los diez años de haber recibido la promesa. Durante diez años enfrentó decepciones una y otra vez, todos los meses, cuando la promesa de Dios no se cumplía. Y eso fue solo los diez años después de la promesa. Antes de la promesa, Sara y Abraham enfrentaron la misma desilusión al no poder concebir por décadas. Tener un hijo, un heredero, alguien a quien pasarle el legado familiar, era muy importante, pero nunca sucedió.

Creo que Sara había llegado a su propio punto de desesperación. Me pregunto si decidió hacer lo que sabía hacer: ofrecer a su sirvienta como sustituta. Esa era una práctica bastante común en aquellos tiempos. También me pregunto si ella secretamente esperaba que cuando le ofreció a Agar como madre sustituta, Abraham rechazaría y diría: "¡De ninguna manera! Estoy esperando que la promesa se cumpla a través de ti". Sara y Abraham habían estado caminando juntos durante probablemente cincuenta o sesenta años en ese momento, por lo que, aunque el uso de una sustituta era la costumbre, creo que todavía fue muy doloroso para Sara cuando Abraham la llamó fanfarrona, por así decirlo, pero —de todos modos— estuvo de acuerdo con la idea.

El problema de actuar por desesperación es que produce personas tipo Ismael. Cuando tratamos de cumplir el plan de Dios con nuestras propias fuerzas, armando un plan para "ayudar" a Dios, sale un hijo de la carne en lugar de uno de la promesa. Por eso es tan importante mantener la visión; eso te ayuda a saber que Dios te va a sacar adelante, para que no tengas que conformarte con la falsificación de la promesa.

Antes de que Agar quedara embarazada, Abraham y Sara realmente no sabían quién era el culpable de su incapacidad para tener hijos. Pero cuando Agar quedó embarazada, lo supieron. El problema era con Sara.

Las mujeres que luchan contra la infertilidad a menudo tienen una mala imagen corporal. Se preguntan: ¿Por qué mi cuerpo no está haciendo lo que se supone que debe hacer? Pueden lidiar con el odio a sí mismas, la autocondena y el desprecio por ellas mismas. Pero esos sentimientos no son de Dios. Eres hecha asombrosa y maravillosamente. Eres suficiente, tal como eres, porque Dios te ha hecho suficiente. Sara entendía esas cosas. Aunque hubo puntos en su travesía que fueron difíciles, nunca se consideró menos mujer. Ella sabía la verdad sobre sí misma y tú, como una de sus hijas, has heredado el legado de creer la verdad sobre ti también. Llegar a un acuerdo con los sentimientos y las emociones relacionados con la infertilidad puede requerir un poco de lucha con Dios, pero todo eso es parte de tu proceso de crecimiento, tu proceso de transformación, a medida que desarrollas la fe en ti misma.

Si tiene problemas de infertilidad, no hay nada de malo en buscar ayuda médica. Creo que la profesión médica es un regalo de la misericordia de Dios para la humanidad. No eres menos mujer si tienes que usar medicamentos para ayudarte a tener un bebé. Tampoco eres menos mujer si optas por la adopción, sobre todo porque la adopción es una hermosa imagen de la forma en que opera la familia de Dios. Eres suficiente porque Dios te ha hecho suficiente.

La esperanza restaurada

Sara y Abraham se dieron cuenta de que se habían equivocado. Creo que Sara pudo haberse percatado de ello desde el principio, ya sea cuando Abraham la llamó fanfarrona por sugerir a Agar como madre sustituta o cuando Agar comenzó a despreciarla después de quedar embarazada. Sara y Abraham sabían con certeza que se habían equivocado cuando Dios se le apareció a él otra vez, en esta ocasión trece años después del nacimiento de Ismael. Este es el momento en que Dios eliminó toda duda sobre quién sería el hijo de la promesa. Fue entonces cuando le cambió el nombre a Abraham. Y cuando se lo cambió a Sara también. Entonces Dios trajo el futuro de ella a su presente llamándola "madre de naciones" (Génesis 17:16). Luego, Dios lo dispuso todo: "Ciertamente Sara tu mujer te dará a luz un hijo, y llamarás su nombre Isaac; y confirmaré mi pacto con él como pacto perpetuo para sus descendientes después de él" (v. 19).

Ese fue el momento de la realineación, el instante en que se dieron cuenta de que el camino de Dios era el correcto y que solo a través de él se podrían cumplir sus promesas. Cuando te das cuenta de que te has desviado del camino, has tomado el camino equivocado o te has interpuesto en el camino de lo que Dios está haciendo para cumplir sus promesas, debes realinearte con la promesa, con la visión y con Dios. Necesitas aferrarte a tu esperanza una vez más y asirte a ella, sabiendo que Dios es fiel.

> Acerquémonos, pues, a Dios con corazón sincero y con la plena seguridad que da la fe, interiormente purificados de una conciencia culpable y exteriormente lavados con agua pura. Mantengamos firme la esperanza que profesamos, porque fiel es el que hizo la promesa.
>
> —Hebreos 10:22-23

El Señor no tarda en cumplir su promesa.

—2 Pedro 3:9

El Señor se apareció otra vez a Abraham junto a unos árboles cerca de su tienda, y reiteró su promesa: "De cierto volveré a ti; y según el tiempo de la vida, he aquí que Sara tu mujer tendrá un hijo" (Génesis 18:10 RVR1960). Sara estaba cerca y escuchó todo. La Biblia dice: "Se rio, pues, Sara entre sí, diciendo: ¿Después que he envejecido tendré deleite, siendo también mi señor ya viejo?" (v. 12 RVR1960).

Sara es severamente criticada por esa risa (aunque algunas personas parecen pasar por alto que Abraham se rio primero e incluso cayó de bruces mientras carcajeaba). La gente asume que se rio por incredulidad y duda, y es probable que ese sea el caso. Pero me pregunto si podría haber sido otra cosa. Dado que Abraham y Sara eran "muy avanzados en edad" (v. 11) y es posible que no tuvieran mucho que hacer en la alcoba, Sara podría haberse estado riendo al pensar en el placer relacionado con tener un bebé. Pero lo que realmente me pregunto es si finalmente escuchar la promesa por sí misma pudo haber hecho que el gozo brotara dentro de ella, como si se le hubiera dado una impartición del gozo del Señor. Hebreos 11:11 dice que Sara "recibió fuerzas" para concebir y Nehemías 8:10 afirma que "el gozo de Jehová es nuestra fuerza". Me pregunto si el momento en que Sara se rio fue el mismo en que recibió fuerzas.

Si realmente se trata de eso, entonces la esperanza restaura la risa, restaura la alegría. En verdad, estamos viviendo tiempos en los que necesitamos ver la alegría restaurada. Cuando nació Isaac, cuando se cumplió la promesa, Sara dijo: "Dios me ha hecho reír, y todos los que se enteren de que he tenido un hijo se reirán conmigo" (Génesis 21:6). Sara había estado en una montaña rusa de esperanza y decepción, altibajos, giros y vueltas, pero sus esperanzas finalmente se cumplieron con el nacimiento del hijo de la promesa. No es de extrañar, por tanto, que tuviera un corazón lleno de alegría y risas.

"Escúchenme, todos los que tienen esperanza de ser liberados, todos los que buscan al Señor. Consideren la piedra de la que fueron tallados, la cantera de la que fueron extraídos. Sí, piensen en Abraham, su antepasado, y en Sara, que dio a luz a su nación. Cuando llamé a Abraham, era un solo hombre; pero, cuando lo bendije, se convirtió en una gran nación".

—Isaías 51:1-2 NTV

Espera con esperanza

Cuando realmente tienes esperanza, esta te ayuda a esperar. Después de recibir la promesa, necesitas perseverancia para aferrarte a la esperanza. Necesitas mantener la visión en perspectiva y seguir remitiéndote a ella. Por eso Dios la dijo a un profeta que escribiera la visión (Habacuc 2:2). Y lo mejor de Dios es que puedes seguir acudiendo a él, haciéndole las mismas preguntas. Él seguirá diciéndote una y otra vez; seguirá confirmándote la promesa. Él te serenará amorosamente. A veces pensamos que Dios se molesta con nosotras o se cansa de que acudamos a él, pero no es así. A él nunca lo vence la impaciencia, como ocurre con nosotras. Él te ama. "El Señor es clemente y compasivo, lento para la ira y grande en amor" (Salmos 103:8). Cuando comprendes cuánto te ama Dios, puedes tener esperanza; puedes tener la confianza de que verás la bondad del Señor cualquiera sea la circunstancia.

Cuando tienes esperanza, el tiempo en vez de ser tu enemigo, se convierte en tu amigo. Empiezas a ver que Dios todavía debe estar trabajando en ti, que todavía estás en el proceso de crecer y transformarte en la mujer que Dios te ha llamado a ser. Y el hecho de que Dios todavía está trabajando en ti puede fortalecer tu esperanza, sabiendo que aún no ha terminado contigo y que sus planes todavía están trabajando en tu vida.

Como hija de Sara, puedes ver a la esposa de Abraham como un ejemplo de la manera en que los tiempos del Señor pueden desarrollarse en tu vida. Una de las palabras griegas usadas en la Biblia para *tiempo* es *cronos*. Se refiere a las estaciones generales del tiempo o al paso cronológico del tiempo. *Cronos* incluye las cosas cotidianas, normales, mundanas y rutinarias de la vida.

Otra palabra griega para *tiempo* es *kairos*. Los tiempos *kairos* son momentos que alteran la vida dentro del tiempo *cronos* que te impulsan directamente hacia tu destino. Tiene que ver con el tiempo fijado para que algo suceda, la "época decisiva esperada".

En el Libro de Génesis, Dios le dijo a Abraham: "¿Hay para Dios alguna cosa difícil? Al tiempo señalado volveré a ti, y según el tiempo de la vida, Sara tendrá un hijo" (18:14). Así como hay dos palabras griegas para *tiempo*, también hay dos palabras hebreas que se emplean para *tiempo* en este versículo. La palabra usada para tiempo en la frase *tiempo de vida* es *'ēt*. Es el término general para tiempo, que se refiere a los sucesos y experiencias cotidianos. Es comparable al tiempo *cronos*.

La frase *tiempo señalado* es representada por la palabra *mô'ēd*. Esta quiere decir cita, un tiempo fijo para un propósito específico. También es la palabra usada para la tienda de reunión, el lugar donde los israelitas se reunían con el Señor. Es comparable al tiempo kairos, que se refiere a las citas divinas cuando el Señor pone las cosas sobrenaturalmente en su lugar. Cuando el apóstol Pablo escribió acerca de la promesa de Dios a Abraham y Sara, dijo: "Porque la palabra de la promesa es esta: Por este tiempo vendré, y Sara tendrá un hijo" (Romanos 9:9). La palabra para *tiempo* en ese versículo es *kairos*.

Así que con Sara, el tiempo cronológico natural convergió con el milagroso tiempo señalado. Hubo cosas que tuvieron que ocurrir dentro del cuerpo de Sara en el transcurso del tiempo natural para que ella pudiera concebir y tener un hijo. Sara había pasado el tiempo normal de la vida para dar a luz hijos, pero su cuerpo todavía tenía que pasar por los procesos naturales de ese temporada de la vida con el objeto de prepararla para su momento kairos.

Lo mismo sucede con nosotras como hijas de Sara. Si tu promesa es un hijo natural, hay un proceso natural por el que tu cuerpo tiene que pasar durante ese tiempo de tu vida que ha de prepararte para tu momento kairos. Si tu promesa es un hijo o varios hijos espirituales, todavía hay un proceso natural por el que tienes que pasar durante ese tiempo de tu vida que ha de prepararte para tu momento kairos.

Esperar tiene mucho que ver con el tiempo, la paciencia y saber discernir los tiempos. Pero esperar no tiene que ser un proceso ocioso. Durante el tiempo de espera, continúas tu proceso de crecimiento y sirves al Señor. La Biblia dice que los que esperan en el Señor renovarán sus fuerzas:

> Pero los que esperan a Jehová tendrán nuevas fuerzas; levantarán alas como las águilas; correrán, y no se cansarán; caminarán, y no se fatigarán.
> —Isaías 40:31 RVR1960

La palabra traducida como "esperar" significa unir, como se unen o entretejen los hilos de una cuerda. El tiempo de espera es un tiempo para que estés unida con el Señor de manera que te fortalezcas, para que estés preparada para recibir su fuerza sobrenatural cuando llegue tu momento kairos. Atas tu corazón a su propósito y dejas que él te ate a su perfecta voluntad, la visión de él para tu vida.

Esperar en Dios significa esperar que el tiempo *cronos* y el tiempo *kairos* se unan. Esos dos tiempos diferentes tienen que cruzarse en el momento adecuado. Y cuando lo hacen, eso se convierte en la plenitud de los tiempos.

La plenitud del tiempo

La plenitud de los tiempos es la intersección de lo natural (el tiempo de la vida, *cronos*) y lo espiritual (el tiempo señalado, el tiempo oportuno, *kairos*). La frase *plenitud de los tiempos* se usa en conexión con el nacimiento de Jesús y la redención de la humanidad (Gálatas 4:4; Efesios 1:10). Está conectado con la voluntad de Dios, su propósito, sus planes y con tu conversión en parte de la familia de Dios.

La palabra griega para *plenitud* es *plērōma*. Significa plenitud, totalidad, llenura. Proviene de una raíz que significa llenar hasta el borde, hacer completo en cada detalle, llevar algo hasta el final, hacer que se cumplan las promesas de Dios. En esa intersección de *cronos* y *kairos* es donde ocurre la plenitud, el punto en el que se cumplen las promesas de Dios en tu vida.

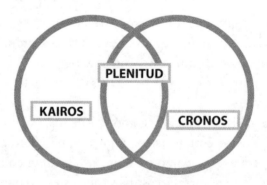

Por tanto, después de toda la espera, todo el crecimiento, toda la esperanza, la fe, el amor, las oraciones, las lágrimas y todo lo demás que fue parte de tu proceso, en la plenitud del tiempo, llega Isaac. Llega la manifestación de la promesa. Hija de Sara, no pierdas la esperanza durante tu tiempo de espera. Dios está obrando en ti, preparándote para recibir la promesa. Dios cumple sus promesas. Puedes contar con ello. Así que mantén la visión. Que el gozo del Señor sea tu fortaleza. Y mantente firme en tu esperanza; ella es el ancla de tu alma.

Oración por la esperanza

Señor, en ti pongo mi esperanza. Espero ver tu bondad en mi vida. Confío en que cumplirás tus promesas. Mi esperanza en ti es el ancla de mi alma, así que esperaré pacientemente hasta recibir la promesa. No actuaré por desesperación ni trataré de hacer las cosas con mis propias fuerzas. Gracias a ti es que soy suficiente, soy así porque tú me has dado esa capacidad.

Señor, si me he desviado, ayúdame a realinearme con la promesa, con la visión y contigo. Ayúdame a asirme a mi esperanza y retenerla hasta el tiempo en que se cumpla mi promesa, consciente de que tú eres fiel. Dame una impartición sobrenatural de tu gozo, porque el gozo del Señor es mi fortaleza. Devuélveme la alegría a mí, a mi generación y a todas las generaciones que vienen después de mí.

Señor, ayúdame a permanecer unida contigo durante mi tiempo de espera. Decido esperar hasta que el tiempo cronos y el tiempo kairos se crucen en la plenitud del tiempo. Y mientras espero en ti, renovarás mis fuerzas. Gracias, Señor Jesús, por ser mi esperanza viva. En el nombre de Jesús, amén.

ECHA FUERA A
LA ESCLAVA

Capítulo 6

ECHA FUERA A LA ESCLAVA

Mas ¿qué dice la Escritura? Echa fuera a la esclava y a su hijo, porque no heredará el hijo de la esclava con el hijo de la libre.

—Gálatas 4:30

UNA VEZ QUE recibes la manifestación de tu promesa, debes nutrirla. Para nutrir la promesa, tienes que echar fuera a la esclava. Es parte de la correcta gestión de tu promesa. El hijo de la carne y el hijo de la promesa no pueden llegar a la madurez juntos.

Ismael e Isaac crecieron juntos hasta el momento en que el último fue destetado, probablemente cuando tenía tres o cuatro años. Ismael habría tenido alrededor de diecisiete o dieciocho años en ese momento. Sara había visto crecer a Ismael y reconoció que, debido a que era mayor, Isaac lo consideraría un líder. Isaac nunca cumpliría su destino si Ismael estaba en sus alrededores.

En el momento en que Isaac fue destetado, Ismael, el hijo de la carne, se burlaba del pequeño, y le faltaba el respeto. Eso ofendió profundamente a Sara.

Y vio Sara que el hijo de Agar la egipcia, el cual esta
le había dado a luz a Abraham, se burlaba de su hijo
Isaac.

—Génesis 21:9 RVR1960

La palabra hebrea para *burlaba*, además de significar mofarse, bromear, reír con desdén o escarnecer, también puede significar reír con alegría o jugar. Pero la carta
de Pablo a los Gálatas deja en claro que Ismael no estaba
jugando:

Y así como en aquel tiempo el hijo nacido por decisión humana persiguió al hijo nacido por el Espíritu,
así también sucede ahora.

—Gálatas 4:29

La palabra griega para *persiguió* significa hacer huir,
poner en fuga, acosar, maltratar, hostigar, atosigar de manera hostil o molestar. Eso no era un juego. Eso ni siquiera era
una broma sin mala intención. Ismael estaba intimidando y
persiguiendo a Isaac.

El carácter de Ismael fue predicho por el ángel del Señor
cuando le habló a Agar:

Será un hombre indómito como asno salvaje. Lucha-
rá contra todos, y todos lucharán contra él; y vivirá
en conflicto con todos sus hermanos.

—Génesis 16:12

Maya Angelou dijo: "Cuando alguien te muestre quién
es, créele la primera vez".[1] Ismael estaba mostrando quién
era cuando se burló de Isaac y Sara le creyó. Debido al
comportamiento de Ismael, Sara acudió a Abraham y le
dijo: "¡Echa de aquí a esa esclava y a su hijo! El hijo de esa

esclava jamás tendrá parte en la herencia con mi hijo Isaac"
(Génesis 21:10). Esa no era la primera vez que Sara acudió a
Abraham para hablarle acerca de Agar. Cuando esta quedó
embarazada de Ismael, "comenzó a mirar con desprecio a
su dueña" (Génesis 16:4).

> Entonces Saray le dijo a Abram:
> —¡Tú tienes la culpa de mi afrenta! Yo puse a mi
> esclava en tus brazos, y ahora que se ve embarazada
> me mira con desprecio. ¡Que el Señor juzgue entre
> tú y yo!
> —Tu esclava está en tus manos —contestó
> Abram—; haz con ella lo que bien te parezca.
> Y de tal manera comenzó Saray a maltratar a
> Agar, que esta huyó al desierto.
> —Génesis 16:5-6

Abraham no estaba caminando en su autoridad. No
estaba cubriendo a su esposa. Y Sara reconoció que el problema más profundo no se trataba de Agar. Se trataba de
ella y de Abraham. Creo que Sara tenía buenas intenciones cuando le sugirió a Agar como madre sustituta pensando que estaba tratando de ayudar con la promesa, pero fue
engañada. Creo que ella reconoció eso. Pero Abraham era
a quien Dios le había hablado directamente. Cuando dijo:
"¡Que el Señor juzgue entre tú y yo!", era como si estuviera
diciendo: "Dios conoce mi corazón en esta situación. ¿Qué
tal el tuyo? Me equivoqué, pero ¿qué vas a hacer al respecto? Eres mi marido y se supone que debes cuidarme". Pero
Abraham le delegó la responsabilidad a Sara, diciéndole que
hiciera lo que quisiera.

Cuando Sara volvió a hablar con Abraham, aparente-
mente todavía estaba en un proceso de crecimiento ya que
su reacción inicial fue de disgusto. Pero el Señor intervino:

Dios le dijo a Abraham: "No te angusties por el muchacho ni por la esclava. Hazle caso a Sara, porque tu descendencia se establecerá por medio de Isaac. Pero también del hijo de la esclava haré una gran nación, porque es hijo tuyo".

—Génesis 21:12-13

Abraham escuchó al Señor y también escuchó a su esposa, y despidió a Agar e Ismael.

La carne contra el espíritu

La diferencia entre Sara y Agar, entre Isaac e Ismael, es la misma que existe entre el Espíritu y la carne. Aunque en la época en que Sara y Abraham vivían el uso de sustitutas era algo común, eso no era lo que Dios quería con ellos. Incluso es posible que Abraham se casara con Agar, ya que Génesis 16:3 dice que Sara le dio a Agar "a su marido Abram por mujer". La poligamia también era común en esa época, pero con todo y eso, no era lo que Dios quería. Desde el principio de la creación, Dios tuvo la intención de que el matrimonio fuera entre un hombre y una mujer (Génesis 2:24).

El hecho de que las reglas culturales y las tradiciones creadas por el hombre digan que algo es correcto no significa que lo sea. El hecho de que algo sea común no significa que sea piadoso. Es por eso que necesitamos caminar en el Espíritu y permitir que el Señor nos guíe mientras buscamos sus propósitos con nuestras vidas.

La diferencia entre la carne y el Espíritu es la misma que hay entre la servidumbre y la libertad. Cuando andas en la carne, estás atada por las obras de la carne:

Y manifiestas son las obras de la carne, que son: adulterio, fornicación, inmundicia, lascivia, idolatría,

hechicerías, enemistades, pleitos, celos, iras, contiendas, disensiones, herejías, envidias, homicidios,
borracheras, orgías, y cosas semejantes a estas; acerca de las cuales os amonesto, como ya os lo he dicho
antes, que los que practican tales cosas no heredarán
el reino de Dios.

—Gálatas 5:19-21 RVR1960

Estas cosas están en oposición directa al fruto del Espíritu:

Mas el fruto del Espíritu es amor, gozo, paz, paciencia, benignidad, bondad, fe, mansedumbre, templan-
za; contra tales cosas no hay ley. Pero los que son de
Cristo han crucificado la carne con sus pasiones y
deseos. Si vivimos por el Espíritu, andemos también
por el Espíritu.

—Gálatas 5:22-25 RVR1960

Como hija de Sara que eres, es importante que camines
en el Espíritu y no en la carne. Cuando a Sara se le ocurrió
la idea de usar a Agar como sustituta, estaba caminando
en la carne. Dios había planeado y orquestado todo divina-
mente, pero ella se lo quitó de las manos y trajo todo tipo
de cosas: adulterio, fornicación, idolatría, odio, contiendas,
celos, arrebatos de ira, disensiones, ambiciones egoístas y
envidia; un gran número de cosas de la lista de Pablo en
cuanto a las obras de la carne. Y así es como funciona el
pecado. Es casi como si un pecado engendrara otro, el cual
engendra otro, y así sucesivamente.

Échala fuera

La expulsión de la esclava es un acto deliberado de terminar
con el problema y olvidarlo. Debes reconocer que hay un

problema que se interpone en el camino de la promesa, por lo que tienes que tomar la decisión de enfrentarlo. Tienes que llegar a un punto en que resuelvas el asunto, sin vacilar más ni deambular de un lado a otro. Y luego tienes que ejecutar tu decisión.

Hija de Sara, algo que tiene que ver mucho con el hecho de echar fuera a la esclava es renovar tu mente. Tienes que dejar de ver con buenos ojos las obras de la carne, tienes que poner la perspectiva correcta en su lugar e incluso obtener liberación. Necesitas confrontar tu error, reconocer tu falla, pedir perdón, perdonarte a ti misma y luego cortar el asunto.

Echar fuera o desterrar la carne es como tomar todo lo que te llevó por el camino equivocado, ponerlo en un paquete bonito y ordenado; y enviarlo de ida pero, eso sí, sin retorno. Agar es símbolo de la carne y, aunque no puedes expulsar físicamente tu carne, puedes hacerlo en un sentido espiritual: puedes crucificarla. De hecho, eso es lo que el apóstol Pablo dijo que debíamos hacer cuando estaba contrastando las obras de la carne con el fruto del Espíritu: "Los que son de Cristo Jesús han crucificado la naturaleza pecaminosa [la carne], con sus pasiones y deseos" (Gálatas 5:24). Tienes que renovar tu mente y dejar que sea transformada por la Palabra de Dios. Todas esas partes de tu carácter que se desarrollaron según las obras de la carne necesitan ser reemplazadas por el fruto del Espíritu.

Una vez que hayas tomado la decisión de echar fuera a la esclava y adoptes las medidas necesarias para que eso suceda, Dios respaldará tu decisión. Cuando Sara acudió a Abraham, este estaba disgustado, pero Dios la respaldó y le dijo a Abraham que ella tenía razón. Como hija de Sara, es posible que tengas o no un Abraham terrenal que camine contigo a través de este proceso, pero incluso si no lo tienes, eso no exime tu responsabilidad personal de separarte, desconectarte o desechar lo que sea fuera de tu vida. Así como Sara recurrió a Abraham en busca de ayuda, tú puedes acudir a Dios para que te ayude.

La afirmación o confirmación de Dios en cuanto a tu decisión puede venir en varias maneras. Puede que él hable directamente a tu Abraham, tal como lo hizo con Sara. También puede hablar a través de un consejero o a través de su Palabra. Dios ama a sus hijas y siempre saldrá adelante por ti, especialmente cuando es difícil hacer lo correcto.

La decisión de echar fuera lo que estorba es algo espiritual, pero también tiene que haber una ejecución natural. Necesitas actuar para deshacerte de las obras de la carne que yacen en tu vida. Si estás involucrada en adulterio o fornicación, esa relación debe terminar.

Avanza

Una vez que hayas expulsado a la esclava, es hora de seguir adelante. Eso es lo que hizo Sara. Como hija de ella, no puedes tener miedo a hacer o decir algo que pueda alterar la situación. Dios te ha dado una visión y, si te has desviado del camino, debes dar los pasos necesarios para volver a la normalidad. Si has estado caminando en la carne, necesitas comenzar a andar en el Espíritu.

Reconocer tus errores es un paso importante, pero no dejes que estos te mantengan atascada. Sé lo suficientemente segura y humilde para admitir tus errores, pero no dejes que nadie te acorrale con ellos. Tus errores no te definen. Eres hija de la gracia. Si has confesado tus pecados y le has pedido a Dios que te perdone, él ha quitado tus pecados y los ha echado tan lejos como está el oriente del occidente.

Tan lejos de nosotros echó nuestras transgresiones como lejos del oriente está el occidente.

—Salmos 103:12

De modo que, una vez que hayas sido perdonada, acepta ese perdón y sigue adelante. No te dejes controlar ni manipular por culpa de pecados que Dios ya ni siquiera recuerda.

Yo les perdonaré su iniquidad, y nunca más me acordaré de sus pecados.

—Jeremías 31:34

Sí, hay que vivir con las consecuencias de nuestras decisiones, pero eso no significa que te quedes atada a la culpa y la vergüenza. Las misericordias y las bondades de Dios son nuevas cada mañana; es más, cada instante son nuevas.

El gran amor del Señor nunca se acaba, y su compasión jamás se agota. Cada mañana se renuevan sus bondades; ¡muy grande es su fidelidad!

—Lamentaciones 3:22-23

No necesitas quedarte en un estado de luto religioso, ni cubrirte con cilicio y cenizas. No te pongas ningún tipo de máscara religiosa, diciendo que estás bien cuando no lo estás. Eso es esclavitud. Pero no eres una esclava. Como escribió Pablo: "No somos hijos de la esclava, sino de la libre" (Gálatas 4:31). No eres hija de Agar; eres hija de Sara. ¡Eres libre! Si el Hijo te ha hecho libre, eres verdaderamente libre (Juan 8:36). Así que "manténganse firmes y no se sometan nuevamente al yugo de esclavitud" (Gálatas 5:1). Enfrenta tus errores, no actúes de acuerdo a ellos, aprende de ellos y sigue adelante.

Lecciones de la esclava

Aunque Agar era la esclava que debía ser expulsada, todavía hay algunas lecciones que las hijas de Sara pueden aprender de ella.

No pases demasiado tiempo sirviendo a la visión de otra persona.

Necesitamos estar en sintonía con el tiempo de Dios en cuanto a cuándo quedarnos y cuándo irnos al servir a la visión de otra persona. Cuando Agar se escapó por primera vez, el Señor se le apareció y le dijo que regresara y se sometiera a Sara. También prometió que multiplicaría su descendencia sobremanera. Entonces Agar regresó. Pero llegó el momento en que realmente era hora de que ella se fuera, lo que Dios confirmó al aparecerse ante ella una vez más, proveyendo para ella y para Ismael, y reiterando su promesa de que Ismael también se convertiría en una gran nación. Su tiempo sirviendo a la visión que Dios le había dado a Abraham y Sara había terminado.

Es posible que te encuentres en una situación similar en la que estés sirviendo a la visión de otra persona. Tienes que estar buscando al Señor en cuanto al cumplimiento de la visión que él te ha dado. Servir a la visión de otra persona puede ser parte de tu proceso de crecimiento, pero no luches cuando Dios te impulse. A veces nos comprometemos demasiado y nos sacrificamos de una manera que Dios nunca nos ordenó que hiciéramos. A fin de cuentas, necesitas entender tu identidad, tener límites apropiados y perseguir la visión que Dios te ha dado.

Dios no bendice el desorden.

Cuando Agar quedó embarazada, comenzó a despreciar a Sara. Es como que creía que iba a ocupar el lugar de Sara.

Pero ese no era el plan de Dios. El pacto matrimonial de Abraham fue con Sara, y las promesas del pacto de Dios se iban a cumplir a través de su pacto.

No te engañes nunca pensando que vas a tomar el lugar de la esposa de un hombre. Tú no eres la mujer de ese pacto. No importa cuántos hijos tengas con él, lo más probable es que nunca deje a su esposa por ti. Si actualmente tienes una aventura con alguien casado, debes comprender que Dios no bendecirá tu desastre. Ya sea que uno o los dos involucrados en la aventura estén casados, se está violando un pacto, y Dios siempre actúa en serio con los pactos. E incluso si ambos son solteros, todavía están en un error porque Dios diseñó el sexo dentro de los límites del pacto del matrimonio. Dios no va a bendecir eso y, además, tu gesto le abre la puerta a la destrucción. Pero hay un lugar de redención si te devuelves y te arrepientes.

Dios cuidará de ti.

Agar no fue la elegida para dar a luz al hijo de la promesa. No fue la primera esposa de Abraham. Ella no era parte del plan de Dios en cuanto a su pacto con Abraham. Pero aun con eso, Dios cuidó de ella. Tanto cuando se escapó como cuando fue expulsada, Dios intervino para proveerle y protegerla.

Las mujeres solteras, y las madres solteras en particular, sufren muchos ataques y enfrentan abundantes desafíos. Pero puedes confiar en Dios. Él cuidará de ti. Él te proveerá y te protegerá. Es posible que te hayas desviado y hayas perdido de vista tu propósito, pero Dios aún te ama.

Eres una hija de Sara. Eres una mujer de creencia, visión y esperanza. Es tiempo de caminar en el Espíritu, no en la carne.

Oración para expulsar a la esclava

Señor, me has dado una promesa y decido nutrirla. Decido echar fuera a la esclava. No andaré en la carne ni seré atada por las obras de la carne. Caminaré en el Espíritu y mi vida ha de mostrar el fruto del Espíritu.

Señor, no estoy de acuerdo con las obras de la carne, por lo que te confieso mis pecados. Señor, perdóname, restáurame a una relación correcta contigo y luego ayúdame a perdonarme a mí misma para poder seguir adelante. Decido crucificar mi carne y renovar mi mente para que pueda ser transformada por ti. Gracias porque tus misericordias y tus bondades son nuevas cada mañana. Gracias por tu fidelidad. Gracias porque soy libre. Ayúdame a permanecer firme en la libertad que me concediste al morir en la cruz por mí. Te amo, Señor. En el nombre de Jesús oro. Amén.

VISIÓN PARA
TU UNIÓN

Capítulo 7

VISIÓN PARA TU UNIÓN

¿Pueden dos caminar juntos sin antes ponerse de acuerdo?
—Amós 3:3

SARA Y ABRAHAM eran una pareja poderosa. Fueron llamados a ser algo grande juntos. Fueron llamados a cambiar el mundo juntos. Pero ser una pareja poderosa y cambiar el mundo requiere mucho trabajo. Sin embargo, también se necesita mucha humildad.

Todas las parejas que Dios llama a hacer cosas juntas para hacer avanzar el reino tienen al menos cierto grado de parecido con la dinámica desarrollada entre Sara y Abraham en su relación. Cada unión entre un esposo y una esposa tiene un propósito en el reino. Puede ser comenzar una iglesia, un ministerio o un negocio, o es posible que sea —simplemente— laborar en empleos normales y dedicarse a amar a sus hijos y a forjar un hogar ejemplar. Pero lo cierto es que cada pareja tiene un propósito. Una vez que tengan una visión para su unión y sepan por qué están juntos, pueden establecer metas y verlas cumplidas para hacer reconocido el nombre de Jesús en la tierra. Y como pareja pueden generar hijos e hijas, ya sean naturales o espirituales o de ambas clases, todo para hacer crecer el reino de Dios.

Solo porque tu relación con tu Abraham no sea perfecta no significa que esa sea la persona equivocada. Puede
haber algunos resbalones y caídas. Puede haber momentos
en los que no esté siendo todo lo que se supone que debe ser
y no esté cumpliendo el papel que Dios diseñó para él. Pero
eso es parte de su proceso de crecimiento, de su proceso de
renovación. No significa que sea la persona errónea. Simplemente significa que Dios todavía está obrando en él, tal
como lo está haciendo en ti.

El llamado

Abraham y Sara pasaron juntos por un proceso. No se casa-
ron e instantáneamente se convirtieron en el padre y la madre
de la fe, ni siquiera formalizaron el pacto que Dios hizo con
ellos enseguida. Hubo una progresión, un camino que tenían
que recorrer. Pero lo hermoso de todo eso es que siguieron su
trayecto juntos, unidos, a pesar de las circunstancias.

Todo comenzó cuando fueron llamados. Fueron llamados a salir de su país, lejos de su familia y de la casa del
padre de Abraham. Fueron llamados completamente aparte
de su cultura porque Dios iba a hacer algo nuevo con ellos.
Iba a usarlos para crear una nueva cultura.

Si Dios los está llamando a tu Abraham y a ti a que
salgan de algo, deben prestar atención a ese llamado. Hay
momentos en que Dios quiere separarnos de las cosas que
pueden distraernos, retrasarnos o incluso impedirnos seguir
la visión que nos ha dado. A veces nos llama para que las
voces que hemos escuchado durante nuestra vida no aho-
guen la suya. Cuando haya una voz detrás de ti que te diga:
"Este es el camino; síguelo" (Isaías 30:21), no querrás dejar
de oírla a causa de lo que todos los demás te gritan al oído.

Dios no solo llamó a Abraham y a Sara para que deja-
ran de hacer algo. Los llamó a hacer algo específicamente.

Es interesante ver que cuando Dios cambió los nombres de Abraham y Sara, grabó en ellos el aliento suyo. Cuando Dios les puso nombres nuevos a Abram y a Sarai, estos quedaron con la impronta divina.[1] Dios les dio su propio aliento, el aliento sobrenatural del Todopoderoso, dando vida a una pareja que estaba "casi muerta" (Hebreos 11:12) para que por medio de ellos sean bendecidas generación tras generación.

Al darles nuevos nombres tanto a Sarai como a Abram, Dios los estaba llamando a algo más grande. Los llamó a caminar con él. Es más, los llamó a la bendición. Los llamó a un pacto. Hija de Sara, Dios te está llamando a esas mismas cosas: a caminar con él, a la bendición y a un pacto nuevo.

Sin embargo, para que Abraham y Sara caminaran juntos en dirección a todo aquello a lo que Dios los había llamado, tenían que estar los dos de acuerdo.

¿Pueden dos caminar juntos sin antes ponerse de acuerdo?

—Amós 3:3

Cada matrimonio tiene un propósito, aunque cada propósito es diferente; sin embargo, el esposo y la esposa deben estar de acuerdo en cuanto al mismo. Especialmente cuando Dios te está llamando a ti y no sabes a dónde irás —como fue el caso de Abraham y Sara— debes estar de acuerdo con tu Abraham, ya que es vital que él también lo esté. Cuando los dos tienen el mismo sentir, eso les da la gracia para lidiar con todas las incógnitas que se presentan al recorrer juntos el camino al que Dios les ha dirigido.

Cuando tú tienes la visión para tu unión, cuando conoces tu propósito y cuando ambos están de acuerdo, ambos pueden sentirse cómodos con sus roles, ya que están bien definidos. Ese acuerdo significa que puedes hacer lo que estás llamada a hacer y estar en consonancia con eso, ya sea que estés al frente o no. Uno de los dos puede ser el director ejecutivo mientras que el otro gestiona los esfuerzos humanitarios. Pueden estar juntos en un ministerio en el que ambos tienen una voz fuerte o uno de ustedes puede tener una voz fuerte mientras que el otro desempeña un rol de apoyo. Uno de los dos puede estar en el ministerio mientras que el otro se dedica a los negocios. Uno de ustedes puede tener un trabajo normal mientras que el otro educa en casa a sus siete hijos. Los roles no tienen que ser tradicionales, aunque pueden serlo. La visión de tu matrimonio debe permitirles a ambos usar los dones que Dios les ha dado en sus respectivos roles de forma que puedan encontrar un punto de sinergia y unidad.

El poder de la diferencia

Cuando Dios hizo a Adán y a Eva, los creó para que fueran diferentes. Los hombres y las mujeres son diferentes entre sí. Nuestros cuerpos son distintos y podemos tener diferentes dones y diversas fortalezas y debilidades. Dios no creó a las mujeres para que hicieran todo lo que los hombres pueden hacer, ni creó a los hombres para que hicieran todo lo que las mujeres pueden hacer. Pero eso no significa que las mujeres sean inferiores a los hombres o que los hombres sean inferiores a las mujeres. Dios nos hizo diferentes y necesitamos abrazar esa diferencia más que tratar de eliminarla o pretender que no existe. Satanás es el autor de la división, la confusión y la lucha entre mujeres y hombres. Dios quiere que nos movamos y trabajemos juntos, pero Satanás hace todo lo que está a su alcance para interponerse en eso, porque incluso Satanás reconoce que somos mejores juntos y que nuestras diferencias nos hacen más fuertes.

Hombres y mujeres son iguales, pero esa igualdad no significa que sean idénticos. Más bien, significa que cada individuo es valorado y honrado por su contribución exclusiva.

Las naturalezas masculina y femenina son un reflejo de algo único y poderoso en el carácter de Dios. Deberíamos celebrar esas diferencias, no ignorarlas. Está bien que las mujeres sean femeninas. La feminidad piadosa es una bendición para los hogares, los lugares de trabajo, las iglesias y el reino de Dios. Dios ha dado a las mujeres dones únicos para impartir bendiciones a las naciones del mundo y a las generaciones venideras. Somos sensibles y, por lo tanto, más proféticas e intuitivas. Somos criadoras. Somos ayudantas. Defendemos sueños y visiones. Somos hijas de Sara, por lo que haremos el bien y no tendremos miedo, usando los mismos dones que Dios nos dio y que nos hacen diferentes.

Las diferencias son importantes. Dios no crea pactos basados en la igualdad. Los convenios unen a las personas para que puedan beneficiarse de las fortalezas de los demás. Si todos tuvieran las mismas fortalezas, el pacto no tendría mucho propósito. Cuando un hombre y una mujer contraen matrimonio, la idea es que sus fortalezas y sus debilidades se complementen y se cubran mutuamente. La Palabra de Dios afirma que "el amor cubre multitud de pecados" (1 Pedro 4:8). Las fortalezas de una persona pueden ser la respuesta a las debilidades de la otra y viceversa. Celebrar y valorar tus diferencias los ayudará a ambos a avanzar en tu proceso de crecimiento. Las mismas diferencias que tienes yacen tras tu superpoder como pareja, y lo mejor es que se convertirán en tus mayores fortalezas cuando las reconozcas, las honres y las utilices de manera efectiva en la búsqueda de tu propósito.

Las mujeres necesitan ser reconocidas por su fuerza y su valor. Necesitan empoderarse para ser femeninas y usar sus dones distintivos. Permíteme que sea clara: no estoy hablando del despertar de un movimiento feminista egoísta, que promueve el libertinaje, que busca una absoluta independencia de los hombres y a la que no le importa sacrificar la vida familiar en el altar de sus intereses. El movimiento feminista no empezó así. Empezó con la aspiración de que las mujeres tuvieran libertad e igualdad de derechos y oportunidades, no con el deseo de imponerse a los hombres ni de hacerlos blanco de su odio. Empezó con el objetivo de que se valorara a las mujeres exactamente como Dios las valora.

Sara reconoció su valor como mujer. Ella tenía fortalezas diferentes a las de Abraham, las cuales ayudaron a cubrir algunas de las debilidades de él. Por ejemplo, Sara contendió por la visión que Dios les había dado. Cuando Abraham se estaba desviando, ella usó su voz para tratar de que volviera al camino correcto. Como hija de Sara, también debes reconocer tu valor como mujer. Dios no cometió un error cuando te diseñó de la manera en que lo hizo. Eres hecha asombrosa y maravillosamente. Las cosas que te distinguen son dones; son bendiciones.

Aun cuando Sara reconoció su propio valor, también reconoció el valor de Abraham. Sus dones eran diferentes, pero ella miró hacia él para que la cubriera y la protegiera usando esos dones. Las Saras de hoy deben hacer lo mismo. Deben reconocer el valor de los hombres que son parte de sus vidas, especialmente sus Abraham, de modo que honren y respeten esos dones. Sí, somos diferentes, pero hay poder en esa diferencia. Y cuando nosotras, como hijas de Sara, tanto casadas como solteras, comencemos a demostrar que valoramos y celebramos las diferencias entre nosotras y nuestros hombres, la próxima generación lo notará. Honrar las diferencias de cada uno se convertirá en parte del legado espiritual que dejaremos para las generaciones venideras.

Camina con tu Abraham

Mientras caminas con tu Abraham, notarás que él tiene etapas en su proceso de crecimiento. Al principio, Abraham era egoísta, temeroso e inseguro, y no sabía a dónde iba. Era todas esas cosas, pero aun así Sara lo llamaba señor. Ella tuvo una visión para su unión, por lo que pudo ver lo que Dios estaba haciendo en su esposo.

A Abraham también se le dio una visión, pero parece que Sara tuvo un despertar antes que Abraham. De forma que, cuando Abraham se estaba desviando, Sara tuvo que recordarle la visión. Y aunque tanto Abraham como Sara tenían la visión, creo que ambos la interpretaron de manera incorrecta en cierto punto. Por eso puede que tengas una visión celestial, pero si la interpretas de manera incorrecta eso podría llevar a una manifestación incorrecta. Eso es lo que estaba pasando cuando Abraham y Sara decidieron usar una sustituta.

La mala interpretación es como un obstáculo en el camino hacia tu propósito. Otros obstáculos pueden incluir prejuicios, rechazo, miedo al qué dirán, temor a la crítica y amargura. Sin embargo, desarrollar la disciplina del autoexamen puede ayudarlos —a tu Abraham y a ti— a superar estos y otros obstáculos. Incluso si eres soltera y todavía esperas a tu Abraham, el autoexamen es una disciplina que puede ayudarte a prepararte para cuando Dios te lo envíe. Orar el Salmo 51 es un buen recurso para comenzar. Luego emplea los siguientes cuatro pasos para que puedas abordar cualquier problema oculto del corazón y superar cualquier obstáculo:[2]

1. **Desea la verdad desde lo más profundo.** El primer paso para superar los tropiezos es desear la verdad en todo tu ser interior. Deberíamos desear una verdad que no sea superficial, una que alcance mucho más que la simple comprensión intelectual de la verdad; una verdad que llegue hasta lo más profundo de nuestro ser. Lo opuesto a la verdad es el engaño. El peor tipo de engaño es el autoengaño, es decir, el que una misma se causa. El poder del engaño es que, muchas veces, la persona que está siendo engañada

cree que es guiada por el Señor. Para destruir el engaño se necesitan la misericordia y el poder del Espíritu Santo.

2. **Permite que el Espíritu Santo escudriñe tu corazón.** El segundo paso para superar los obstáculos es permitir que el Espíritu Santo escrute tu corazón, iluminando cualquier área malvada. El Espíritu Santo es el Espíritu de la verdad. Él te dará sabiduría en las áreas ocultas de tu corazón. El Salmo 139:23-24 dice: "Examíname, oh Dios, y sondea mi corazón; ponme a prueba y sondea mis pensamientos. Fíjate si voy por mal camino, y guíame por el camino eterno". Una vez que el Espíritu Santo examina tu corazón y revela los obstáculos y las fallas, debes ser franca contigo misma y no tratar de justificar tus acciones. David declara en el Salmo 51:3 que reconoció su pecado y su transgresión. Reconocer el pecado y el error requiere humildad y quebrantamiento. También es el primer paso para la sanidad y la liberación.

3. **Arrepiéntete inmediatamente.** El tercer paso para superar los obstáculos es arrepentirte al instante. Una vez que el Espíritu Santo te convence de que hay obstáculos, surge una unción que ha de sanarte, liberarte y transformarte. La respuesta tardía puede llevar a la dureza del corazón y a un mayor engaño. La palabra *arrepentirse* proviene de la raíz griega *metanoia*. En esta palabra compuesta "la preposición combina los dos significados de tiempo y cambio, que pueden ser denotados por 'después' y 'diferente'; de modo que todo el compuesto significa: 'pensar de manera diferente después'. *Metanoia* es, por lo tanto, principalmente una idea tardía, diferente del pensamiento anterior; un cambio de mentalidad acompañado de arrepentimiento y cambio

de conducta, '[un] cambio de mentalidad y corazón' o 'un cambio de conciencia'". Según esta definición, el arrepentimiento implica que después que el Espíritu Santo revela cierta información, una cambia su forma de pensar. El camino equivocado nunca se convertirá en el camino correcto. La única forma de tomar el camino correcto es descubrir dónde se desvió y devolverse de inmediato.

4. **Desgárrate el corazón y ríndelo a Dios.** El cuarto paso para superar los obstáculos es desgarrarte el corazón. En los días de Joel, la gente rasgaba sus vestiduras para mostrar su dolor y su desesperación. Sin embargo, lo que Dios desea es que desgarremos y rindamos nuestro corazón, lo que habla de tratar de manera radical todo aquello que aqueja nuestro corazón. Desgarrar significa rasgar algo con violencia o por la fuerza. ¡Arrancamos nuestro corazón de todo lo que apague o perturbe el fluir del Espíritu en nuestras vidas! Desgarrarnos el corazón es algo intensamente personal y doloroso. Algunos quieren que el Espíritu los libere de sus patrones pecaminosos sin requerir ninguna decisión personal que desgarre su corazón. Esa no es la forma en que eso sucede.

Rásguense el corazón y no las vestiduras. Vuélvanse al Señor su Dios, porque él es bondadoso y compasivo, lento para la ira y lleno de amor, cambia de parecer y no castiga.

—Joel 2:13

Otro aspecto importante del proceso de renovación mientras caminas junto a tu Abraham es destruir los pactos demoníacos. Cuando Abraham logró que Sara consintiera en decir que ella era su hermana en vez de su esposa, ese fue un pacto demoníaco que los hizo vulnerables a todo tipo de ataques innecesarios. Ellos hicieron una alianza profana e impía y Dios tuvo que intervenir para sacarlos de ella. Si bien es cierto que Dios hizo todo por el bien de ellos, nunca debieron haber hecho un voto que fuera potencialmente perjudicial para su matrimonio, en primer lugar. Sara podría haber tenido que acostarse con otro hombre. Podría haber sido asesinada. Por tanto, ellos deberían haber confiado en Dios.

Más tarde, cuando Sara y Abraham decidieron usar a Agar como sustituta, fue otro ejemplo de un momento en que deberían haber confiado en Dios en vez de decidir hacer las cosas a su manera. Sí, se suponía que iban a tener un hijo. Tenían razón en eso. Pero Agar era la mujer equivocada. Estaban tratando de cumplir la promesa sin tomar en cuenta el pacto.

Si tu Abraham y tú han hecho algún tipo de votos o pactos demoníacos, deben identificarlos y renunciar a ellos, incluso si lo hicieron en ignorancia. Eso es parte del proceso de renovación y crecimiento, al igual que echar fuera a la esclava. Debes reconocer que te equivocaste, que cometiste un error y que ya no puedes actuar así. Como creyente, has sido llamada a la justicia. Has sido llamada a caminar en el Espíritu, no en la carne. Dios quiere que representes plenamente los principios del reino. Como pareja, deben romper el acuerdo y renunciar a cualquier cosa que les haya impedido ir por el camino correcto y caminar en el propósito de Dios para su matrimonio.

Dios quiere que camines en la plenitud de lo que él tiene para ti. A veces puedes dejarte engañar pensando que tienes la unción de Dios o el favor de Dios porque estás prosperando, pero ese no es necesariamente el caso. Si no tienes la paz de Dios, no estás donde Dios quiere que estés. Dios es muy estratégico. Conoce el fin desde el principio. Así que no te deje engañar, debes hacerlo a la manera de él. Necesitas caminar en justicia con tu Abraham.

Ora por tu Abraham

Orar por tu Abraham es parte de la unción de Sara. Tus oraciones son poderosas. Es más, cuando las mujeres oran por sus esposos esas oraciones tienen un efecto tremendo tanto en sus esposos como en las propias mujeres. Cuando encuentras a la persona con la que se supone que debes caminar, ves cosas que Dios nunca permitirá que otras personas vean. Eso te permite orar con mayor eficacia por tu esposo. E incluso aunque tu Abraham no haya llegado, puedes estar orando por él. Tus oraciones efectivas y fervientes por tu futuro esposo serán de gran provecho.

Ora por la liberación de tu esposo. Ora para que sea librado de sus temores. Yo creo que Abraham estaba más temeroso que cualquier otra cosa. Ora para que sea librado de cualquier cosa que le impida cumplir su destino.

Ora por su sanidad, su autoimagen, sus finanzas, su visión, su trabajo, su mente, su protección, su integridad y su fe. Ora por cada parte de él. Y ora por su matrimonio y por ti, su esposa. Los dos juntos forman una pareja poderosa, pero deben caminar unidos en la fe, el amor, la esperanza y la humildad.

Oración por tu Abraham

Padre, te agradezco por mi esposo. Te pido que hagas que sus sueños y sus deseos piadosos se hagan realidad. Señor, te pido que protejas nuestro pacto matrimonial de cualquier cosa o persona que venga a destruirlo. Oro para que mi esposo se vea a sí mismo como tú lo ves. Dale la capacidad de caminar por fe y no por vista. Que crea en ti, en tus palabras y que camine en tu poder. Haz de él un sabio maestro edificador. Que esté completamente persuadido de tu llamado y favor con su vida. Que la sabiduría y el favor sean su porción. Ábrele puertas y oportunidades para que adelante tu reino. Bendícelo y haz de él una bendición para esta generación. Úngelo para que haga todo lo que ideaste al crearlo. Señor, cuando lo llamaste, también pusiste en él todo lo que necesita para tener éxito. Lo capacitaste para caminar en tu llamado y convertirse en el hombre de Dios que tú ideaste que fuera.

Que se destaque en su trabajo y se presente ante los reyes. Señor, confirma las obras de sus manos. Señor, permite que el trabajo de mi esposo traiga éxito, alegría, prosperidad y satisfacción. Que las manos de los diligentes gobiernen en la tierra.

Dale a mi esposo una nueva visión y comprensión de tus planes para su vida. Llénalo con el conocimiento de tu voluntad en sabiduría y entendimiento espiritual. Que sea un hombre de justicia y de verdad. Dale sueños y visiones que lo guíen a tu Espíritu. Redime su tiempo y restaura los años que se ha comido la langosta. Dale visión y un plan para el futuro. Dale salud y fuerza para terminar la obra que le has encomendado.

Padre, tú sabes lo que lo hace feliz y lo que lo satisface. Decreto que la bendición del Señor lo hará rico y que todo dolor le será quitado.

Dale el poder de obtener riquezas para establecer tu pacto en la tierra. Decreto que su dinero no será robado, malgastado ni devorado. Puesto que es diezmador y dador generoso, estás abriendo las ventanas de los cielos y derramando bendiciones a plenitud que se desbordan. Haz de él una bendición para esta generación. Unge su corazón para que tema tu nombre. Que ande íntegramente delante de ti todos los días de su vida. En el nombre de Jesús oro. Amén.

LAS HIJAS
DE SARA

Capítulo 8

LAS HIJAS DE SARA

Tal es el caso de Sara, que obedecía a Abraham y lo llamaba su señor. Ustedes son hijas de ella si hacen el bien y viven sin ningún temor.

—1 Pedro 3:6

LAS MUJERES CON la unción de Sara son hijas de Sara. Han heredado un legado espiritual de fe transmitido de generación en generación. Son hijas de la promesa, hijas de la bendición que Dios le dio a Sara.

La expresión *hijas de Sara* se basa en la instrucción que el apóstol Pedro dio a las esposas:

Así mismo, esposas, sométanse a sus esposos, de modo que, si algunos de ellos no creen en la palabra, puedan ser ganados más por el comportamiento de ustedes que por sus palabras, al observar su conducta íntegra y respetuosa. Que la belleza de ustedes no sea la externa, que consiste en adornos tales como peinados ostentosos, joyas de oro y vestidos lujosos. Que su belleza sea más bien la incorruptible, la que procede de lo íntimo del corazón y consiste en un espíritu suave y apacible. Esta sí que tiene mucho valor delante de Dios. Así se adornaban en tiempos antiguos las santas mujeres que esperaban en Dios, cada una sumisa a su esposo. Tal es el caso de Sara, que obedecía a Abraham y lo llamaba su señor. Ustedes son hijas de ella si hacen el bien y viven sin ningún temor.

—1 Pedro 3:1-6

El apóstol Pedro estaba recordando "tiempos antiguos", refiriéndose a una época de hace unos cuatro mil años y unos dos mil años antes de que él escribiera la carta. Es la idea contenida en el Libro de Jeremías sobre la restauración de las sendas antiguas:

Así dice el Señor: "Paraos en los caminos y mirad, y preguntad por las sendas antiguas, cuál es el buen camino, y andad por él; entonces hallaréis descanso para vuestras almas".

—Jeremías 6:16 RVR1960

Cuando las Saras modernas reflexionan en el pasado para rescatar las lecciones de la vida y la fe de Sara con el fin de aplicarlas a ellas hoy, están restaurando las sendas antiguas. Dios no nos dio el legado de fe de Sara y el legado de fe de muchas otras personas solo para que podamos ir al cielo algún día. Él quiere que sepamos el buen camino a seguir, él quiere que sigamos los caminos correctos, quiere que hallemos descanso y que estemos en paz.

Las hijas de Sara están siendo llamadas a restaurar las sendas antiguas y a restaurar la fe, el poder de la feminidad, la visión, la fecundidad, la valentía, la unidad, la excelencia moral y todos los demás aspectos de la unción de Sara. Pero hay algo que a menudo se interpone en el camino: el espíritu de Jezabel.

El espíritu de Jezabel

El espíritu de Jezabel es la antítesis de la unción de Sara. Ya hablamos de Jezabel como ejemplo de una ayuda idónea errónea, pero Jezabel es más que eso.

El nombre de Jezabel tiene varios significados que ilustran la oposición del espíritu de Jezabel a la unción de Sara. Por ejemplo, Jezabel significa impúdica, pero 1 Pedro 3:2 se refiere a la "conducta casta" de las hijas de Sara. Jezabel también significa sin esposo y no honrada por la cohabitación.[1] Esto implica la idea de una mujer casada que lleva una vida separada de su esposo, como si tuviera una mentalidad que la mantiene aislada en su corazón. Pero las hijas de Sara son mujeres que ayudan, son fecundas y andan en armonía con sus maridos.

El peor espíritu que yace tras el de Jezabel es el miedo, que además se opone a la valentía de las hijas de Sara. Ese miedo provoca una necesidad de controlar y ejercer poder, pero tiene sus raíces en la inseguridad que provoca —en la vida de una mujer— la falta de un hombre dispuesto a cubrirla, apoyarla y protegerla, ya sea su esposo, su padre u otro varón. Para Jezabel, podría haber sido tanto su padre como su esposo. Ella era una princesa, hija de Et-baal, rey de los sidonios. Es muy posible que Jezabel fuera un peón político, vendido al mejor postor en una época en que las alianzas entre los imperios se basaban en matrimonios mixtos. Jezabel terminó casada con un hombre que tuvo una rabieta porque no podía comprar un viñedo que quería y le entregó su autoridad a ella sin ninguna clase de reflexión. Insisto, Jezabel no habría existido si no hubiera existido Acab.

Es muy probable que Jezabel sintiera miedo y que fuera rechazada por los hombres que se suponía que debían guiarla y protegerla. No podía confiar en ellos, por lo que necesitaba controlar todo por sí misma para asegurarse de

estar protegida y segura. Ella quería el poder, lo necesitaba.
Jezabel quería tomar todas las decisiones.

En el mundo en el que vivimos hoy, es muy común que
las mujeres se encuentren en una posición en la que sientan la
necesidad de controlar todo por sí mismas. Con la ruptura del
núcleo familiar y la corrupción de la especie humana con su
mal llamada diversidad de géneros —entre otras abominacio-
nes—, gran cantidad de mujeres han crecido sin un Abraham
o un hijo de Abraham que sea ese hombre íntegro y fuerte en
quien puedan confiar. Se han criado sin una figura masculina
que las empodere de tal forma que puedan ser mujeres seguras y decididas. En vez de eso, han sido condicionadas para
tratar de controlar todo por sí mismas, de forma que puedan
aferrarse firmemente a cualquier tipo de poder posible por
miedo y falta de confianza. Ese es el espíritu de Jezabel.

Cuando era soltera, mi alma fue afectada por el espíritu
de Jezabel, pero —para mi desdicha— no me di cuenta. A
veces, esos espíritus están en nuestra línea sanguínea. Ven-
go de una familia matriarcal muy fuerte. Las mujeres de mi
entorno familiar gobiernan todo. Cuando murió mi madre,
mi abuela, que entonces tenía cincuenta y cinco años, de
repente tuvo que encargarse de criar a tres niñas. Ella había
hecho un pacto con mi madre de no separarnos a mí ni a
mis hermanas. Mi abuela tenía el control, pero su necesidad
de intervenirlo todo se debía a su miedo y a su dolor. Ella
nos gobernó con puño de hierro convencida de que aunque
ella tuviera más de setenta años, cuando éramos adolescen-
tes, tuviéramos el temor de Dios en nosotras. Como yo era
la mayor, crecí con la idea en mi corazón de que iba a cuidar
de mis hermanas. Nadie podía conmigo. Cuando alguien iba
a por mí, ya yo venía de regreso. Me adelantaba a todo y a
todos. Haría todo lo posible para sentirme protegida. Mi
necesidad de controlar estaba arraigada en el miedo, al igual
que lo que sucedió con mi abuela.

Al principio, cuando el espíritu de Jezabel se me identificó por primera vez como un espíritu para controlar, tomar decisiones y desconfiar, no quería deshacerme de él. Sentí que eso me había llevado al punto en el que me encontraba. No tenía marido, ni a nadie, así que no me desharía de esa ventaja (mejor dicho: desventaja). Debido a mi miedo, necesitaba controlar todo para poder asegurarme de que todo se hiciera bien.

Durante un tiempo de liberación y oración, cuando algunas personas estaban expulsando demonios, alguien me dijo: "Michelle, esta fortaleza de Jezabel no se va porque estás de acuerdo con ella". Y así era. No fue sino hasta que me enteré a través de las Escrituras de todo el daño que causa el espíritu de Jezabel que decidí no seguirle el juego. Pasé dos días en oración, pidiéndole al Espíritu Santo que me mostrara en qué y dónde estaba operando el espíritu de Jezabel en mi ser. Estudié el espíritu de Jezabel y sus operaciones, y me vi reflejada en él. Descubrí que el rechazo y el miedo a la oposición de los demás eran los escuderos de Jezabel.

Lo que me permitió ver realmente lo que estaba pasando fue la Palabra del Señor.

Ciertamente, la palabra de Dios es viva y poderosa, y más cortante que cualquier espada de dos filos. Penetra hasta lo más profundo del alma y del espíritu, hasta la médula de los huesos, y juzga los pensamientos y las intenciones del corazón.

—Hebreos 4:12

La Palabra del Señor es una espada que divide hasta el alma del espíritu. Ella separó mi alma de mi espíritu y, luego, el Espíritu Santo me llevó a través de las estaciones de mi vida para mostrarme el espíritu de Jezabel operando en algunos de los que pensé que eran mis momentos más gloriosos. Mi alma —mi mente, mi voluntad y mis emociones— había estado de acuerdo con el espíritu, pero después de que el Espíritu Santo me abrió los ojos a sus operaciones, el acuerdo fue cosa del pasado.

El espíritu de Jezabel es alimentado por el miedo, pero si eres hija de Sara, el miedo no te va a controlar nunca. La Palabra de Dios declara: "El amor perfecto echa fuera el temor" (1 Juan 4:18). Dios es amor y, por lo tanto, su amor expulsa tu temor.

También tienes que confiar en Dios. Cuando confías en él, descansas en su provisión y vives libre de toda duda; todos esos problemas de miedo y control se desvanecen. Por tanto, no dejes que la gran mentira del diablo te detenga, ese engaño que pregona que las mujeres son ciudadanas de segunda clase a los ojos de Dios. Arregla ese asunto con Dios. Eres preciosa a los ojos de nuestro amado Señor. Eres una hija de Papá. Eres aceptada y amada sin limitación ni restricción alguna.

Cuando buscas renovar tu mente con sinceridad y deseas ser transformada, Dios te envía ayuda con personas que ni siquiera te imaginas. Yo misma descubrí que después de romper con el espíritu de Jezabel, después que eché fuera ese espíritu, después que mi madre espiritual desterró ese espíritu controlador y entonces comencé a confiar, el Señor me envió hombres piadosos que querían ayudarme en el ministerio y que me abrieron puertas sin pedir nada a cambio. Me di cuenta de que era bienvenida como parte de los equipos, pero no tenía que ser como ellos, como los hombres. Me di cuenta de mi valía como mujer. Esos hombres que Dios envió querían y valoraban la plenitud de lo que yo era como mujer. Entonces pude sentir y apreciar mi feminidad. Ellos comenzaron a validarme como mujer y como líder, por lo que me agregaron al equipo.

Hija de Sara, para estar de acuerdo con la unción de Sara, tienes que estar en desacuerdo con el espíritu de Jezabel. Es más, tienes que romper con el espíritu de Jezabel. Así que ora y pídele al Espíritu Santo que te muestre si el espíritu de

Jezabel está operando en tu vida. Si es así, rompe con él. Echa fuera ese espíritu destructivo. Permite que alguien ore por ti y eche fuera todo vestigio de ese demonio opresor que pueda quedar por ahí, agazapado en tu ser. Renueva tu mente con la Palabra de Dios. Y luego empieza a confiar en Dios.

Restaura las sendas antiguas

Una vez que elimines el espíritu de Jezabel, es hora de restaurar las sendas antiguas. Es hora de ser la mujer que Dios ideó. Es hora de dejar que Dios te redefina con su Palabra.

Necesitas renovar tu mente con la Palabra de Dios. Hay todo tipo de mentiras que creemos sobre nosotras mismas como mujeres. Esas mentiras pueden provenir del mundo, de las tradiciones de los hombres, de las malas interpretaciones de las Escrituras o de otras fuentes, pero todas necesitan ser contrarrestadas con la verdad de la Palabra de Dios.

Mira, hoy te doy autoridad sobre naciones y reinos, para arrancar y derribar, para destruir y demoler, para construir y plantar.

—Jeremías 1:10

Ya hablamos de la gran mentira que proclama que las mujeres somos de segunda, pero hay otras mentiras enormes. Dale una nueva mirada a la Palabra de Dios y permite que el Espíritu Santo te ayude a desarraigar, derribar y destruir todas las mentiras que has creído hasta este día para que puedas construir la verdad que ha de hacerte libre.

Por ejemplo, a algunas mujeres se les ha enseñado que deben someterse a todos los hombres sin dudarlo. Pero la Biblia, en 1 Pedro 3:1 afirma lo siguiente: "Esposas, sométanse *a sus esposos*" (énfasis añadido). Y si bien es cierto que se supone que debemos someternos a la autoridad que Dios ha puesto sobre nosotras, no todos los hombres tienen autoridad sobre nosotras. Necesitamos tratar a los hombres con honra y respeto, pero no necesariamente debemos someternos a todos ellos. La Biblia, en 1 Pedro 3:7 (RVR1960), da la siguiente instrucción a los esposos:

Vosotros, maridos, igualmente, vivid con ellas sabiamente, dando honor a la mujer como a vaso más frágil, y como a coherederas de la gracia de la vida, para que vuestras oraciones no tengan estorbo.

La frase *vaso más frágil* ha llevado a la enseñanza de que las mujeres son inferiores a los hombres tanto en lo físico como en lo intelectual y lo espiritual. Pero la palabra griega para *vasija* es *skeuos*, que quiere decir buque, equipo o aparato. Se refiere al cuerpo físico de la mujer, no a su capacidad intelectual ni espiritual. Se supone que el hombre no debe honrar a su esposa porque sea estúpida o inferior. Ella es físicamente más débil, lo cual no es malo. Simplemente significa que los cuerpos de las mujeres son diferentes. Así se hicieron las mujeres.

La misma palabra que se usa para las *vasijas* en 1 Pedro también se usa en otro versículo:

Pero tenemos este tesoro en vasos de barro, para que la excelencia del poder sea de Dios, y no de nosotros.
—2 Corintios 4:7 RVR1960

Tanto el hombre como la mujer son como vasijas de barro. El Libro de Isaías dice: "Señor, tú eres nuestro Padre; nosotros somos el barro, y tú el alfarero. Todos somos obra de tu mano" (64:8). Dios nos diseñó a cada uno de nosotros, tanto hombres como mujeres, exactamente como quería. Pero como vasijas de barro, nuestros cuerpos pueden romperse. Todos tenemos debilidad física, hombres y mujeres por igual. Pero esa debilidad solo sirve para mostrar aun más la gloria de Dios obrando en nosotros.

La sociedad ha tratado de convertir algunas de las características que Dios les dio a las mujeres en cosas negativas con el objeto de que creamos que debemos ser más como los hombres. Pero eso es una gran mentira del diablo. Dios diseñó a las mujeres de la manera que lo hizo a propósito; además, las cosas que nos hacen diferentes —sencillamente— son dones. Por ejemplo, las mujeres tienden a ser mucho más sensibles que los hombres. Lloramos más fácilmente cuando nuestros sentimientos son heridos, pero eso está BIEN porque Dios nos hizo así. Y esa sensibilidad, que la sociedad suele etiquetar como negativa, puede ser un don. Debido a nuestra naturaleza sensible, podemos captar con más facilidad la manera en que la gente se siente, por lo que podemos brindar la ayuda pertinente. Esa característica también puede hacernos más sensibles a las cosas del Espíritu.

Nuestro pasaje en 1 Pedro también dice lo siguiente:

> Que la belleza de ustedes no sea la externa, que consiste en adornos tales como peinados ostentosos, joyas de oro y vestidos lujosos. Que su belleza sea más bien la incorruptible, la que procede de lo íntimo del corazón y consiste en un espíritu suave y apacible. Esta sí que tiene mucho valor delante de Dios.
>
> —1 Pedro 3:3-4

A algunas mujeres se les ha enseñado mal acerca de la modestia. Piensan que deben restarle importancia a la belleza natural que Dios les ha dado y que por eso no deben usar maquillaje ni joyas, ni cubrirse el cabello; solo deben usar ropa sencilla, faldas que les lleguen a los tobillos, etc. Pero Pedro no dijo: "No dejen que su adorno sea el exterior". Lo que él dijo fue: "Que el adorno de ustedes no sea [meramen-te] la externa". Eso significa que es correcto que te vistas de una manera que te haga sentir cómoda y segura. Es correcto que te maquilles y te peines de una manera que te haga sentir y lucir hermosa. ¿Necesitas ser modesta? Por supuesto. Pero tú no eres responsable de la lujuria que surge en los corazones de los hombres.

La clave de la modestia es vestirse primero de Cristo.

> Más bien, revístanse ustedes del Señor Jesucristo, y no se preocupen por satisfacer los deseos de la natu-raleza pecaminosa.
>
> —Romanos 13:14

Adornarse es una acción deliberada. Es una acción reflexi-va. Es ponerse algo. Cuando te vistas de Cristo primero, Dios te guiará a las otras cosas que decidas vestirte. Puedes ponerte un poco de sombra en los ojos, pero mantén tus ojos fijos en Jesús. Usa algún limpiador facial, pero asegúrate de que eres lavada por el agua de la Palabra. Prueba ese nuevo color labial, pero asegúrate de que por ellos salen palabras de vida. Usa tu vestido azul favorito, pero asegúrate de vestirte de justicia. Ponte tus hermosos aretes, pero asegúrate de escuchar al Señor.

Y recuerda: aunque eres hermosa por fuera, también debes serlo por dentro. Tu belleza física puede desvanecerse a medida que envejeces, pero tu belleza interior nunca enve-jecerá. Al referirse a la mujer *chayil*, Salomón escribió:

> Sus hijos se levantan y la felicitan; también su espo-so la alaba: "Muchas mujeres han realizado proezas, pero tú las superas a todas". Engañoso es el encanto y pasajera la belleza; la mujer que teme al Señor es digna de alabanza.
>
> —Proverbios 31:28-30

Haz el bien

Además de no tener miedo, la otra característica clave de las hijas de Sara es que hacen el bien. Las mujeres que poseen la unción de Sara se caracterizan por su excelencia moral, cuyo fruto son las buenas obras. Las hijas de Sara también son mujeres de gran fe, fe que produce buenas obras. De hecho, Dios te creó para que hicieras buenas obras e incluso preparó esas buenas obras —con antelación— solo para ti.

Porque somos hechura de Dios, creados en Cristo Jesús para buenas obras, las cuales Dios dispuso de antemano a fin de que las pongamos en práctica.
—Efesios 2:10

Las buenas obras que haces sirven como una luz radiante que da gloria a Dios.

Así alumbre vuestra luz delante de los hombres, para que vean vuestras buenas obras, y glorifiquen a vuestro Padre que está en los cielos.
—Mateo 5:16 RVR1960

Seguir las sendas antiguas, saber cuál es el camino correcto, abrazar tu identidad como mujer de Dios, caminar en las buenas obras, ser bella por dentro y por fuera, ser una mujer valiente y sin miedo, son todas características de las hijas de Sara. Son parte del legado de fe que les ha sido transmitido de generación en generación. Eres una mujer santa que confía en Dios, como las santas mujeres de antaño. Eres una hija de Sara.

Declaraciones de las hijas de Sara

Soy hija de Sara.

Hago el bien.

No me atemoriza ningún terror.

Restauraré las sendas antiguas.

Conozco la buena manera de caminar.

Renuncio al espíritu de Jezabel. No estoy de acuerdo con ese espíritu.

El amor de Dios es perfecto y echa fuera mi temor.

Confío en Dios.

Soy aceptada y amada ilimitadamente.

Renuevo mi mente con la Palabra de Dios.

Arranco, tiro y destruyo todas las mentiras del enemigo y, en vez de eso, planto la verdad.

Soy hermosa por dentro y por fuera.

Tengo un espíritu apacible y sereno, lo cual es muy preciado a los ojos de Dios.

Soy modesta.

Me visto de Cristo primero.

Mantengo mis ojos fijos en Jesús.

Soy lavada en el agua de la Palabra.

Estoy vestida de justicia.

Soy una mujer temerosa del Señor.

Soy hechura de Dios, por lo que ando en las buenas obras que él preparó para mí.

NOTAS

Capítulo 6

1. Maya Angelou, "Cuando alguien te muestre quién es, créele a la primera", Twitter, 12 de junio de 2015, 12:01 p. m., https://twitter.com/drmayaangelou/ status/609390085604311040?lang=en.

Capítulo 7

1. J. Lee Grady, *Las intrépidas hijas de la Biblia* (Casa Creación).
2. Michelle McClain-Walters, *The Prophetic Advantage* (Charisma House, 2012).

Capítulo 8

1. "Significado de Jezabel", Publicaciones Abarim, www.abarim-publications.com.